明治期北海道の司法

―箱館戦争・ガルトネル事件等五事件―

牧口準市

北方新書
017

はじめに

明治期における北海道については、歴史・社会・経済等多くの分野で研究がなされている。しかし、司法の分野では進んでいない。そこで私は、「明治期における北海道の司法」を課題として学者としてではなく弁護士の手法で研究を進めている。

「明治期における北海道の司法」は、組織論と具体的事件の形成に区分される。組織論は、「開拓使時代の司法」、「明治期における北海道裁判所代言人弁護士史録」を著作した。具体的事件は、多い。本書では、前期を中心として「箱館戦争裁判記」（明治元年八月—明治五年一月）、「ガルトネル事件」（明治二年二月—明治三年十一月）、「福山・江差騒動」（明治六年三月—同年七月）、「ハーバー事件」（明治七年八月—同年九月）および「東海丸事件」（明治三十六年十月—明治三十八年三月）を対象とした。

「**箱館戦争裁判記**」　明治元年十月旧幕府軍榎本釜次郎等は、箱館を占拠した。そして、「蝦夷嶋政府」を創設したが翌二年五月十八日新政府軍に降伏した。榎本釜次郎は、逮捕・勾留され裁判に処せられ明治五年一月六日兵部省糺問所において「親戚江御預」（同年三月七日「赦免」に変更）の言渡がなされた。「**ガルトネル事件**」　明治二年二月十九日、蝦夷嶋総裁榎本釜次郎はプロシア国領事の兄R・ガルトネルに対し七飯等土地約三〇〇万坪を期間九九年で賃貸した。明治政府の土地取戻しが課題である。賃貸借契約書等関係文書は、北海道大学図書館に保存されている。「**福山・江差騒動**」　開拓使は、明治六年三月爾志・檜山・津軽・福島郡について漁税をそれまでの五分から一割に増税した。そのため増税反対騒動が発生した。多数の漁民等が拘束された。開拓次官黒田清隆は、同年六月二十八日捕亡者を釈放して騒動を終局した。「**ハーバー事件**」　明治七年一月、蝦夷地にはじめて司法省所管の函館裁判所が設置された。そして同年八月一一日、秋田県人によるドイツ代弁領事L・ハーバー殺害事件が発生した。国際的事件である。同裁判所は、同年九月二十六日死刑を言渡した。即日その執行がなされた。「**東海丸事件**」明治三十六年十月二十九日、青函連絡船東海丸がロシア貨物船に衝突され乗客等五二名が死亡した。久田佐助船長は、乗客を救うため警笛を握りながら船と共に沈んだ。その責任感の強さは、小学校教科書にも取り上げられた。青函連絡船所有者等はロシア貨物船所有者等に対し民事訴訟を提起した。裁判の過程で、日露戦争が起き問題が提起された。

私も八十六歳の高齢となった。人生ももう限界である。しかし、これからも「明治期のおける北海道の司法」の研究を進めようと思う。

平成三十年六月十日

弁護士　牧口　準市

目　次

目　次

ハーバー事件

東海丸事件

箱館戦争裁判記

序説

明治元年八月十九日、旧幕府軍首脳榎本釜次郎（武揚）等は、開陽・回天・蟠龍・千代田・神速・長鯨・美加保・咸臨の八艦に二、〇〇〇人余を乗り組みさせ、品川沖を蝦夷地に向け出帆・脱走した。銚子沖では、風雨のため美加保・咸臨が破損、残る六隻は仙台東名港に到着した。同年十月九日仙台出帆に際しては、大鳥圭介等仙台脱走組一、三〇〇余人、大江・鳳凰の二艦が加わった。同月十八日、蝦夷地鷲ノ木浦（海岸）に到着した。冬に向け荒れる天候を避け内浦湾とした。同月二十五日には、箱館・五稜郭を占拠した。同年十二月十五日、蝦夷嶋政府が創設され、総裁・榎本釜次郎、副総裁・松平太郎、海軍奉行・荒井郁之助、陸軍奉行・大鳥圭介等が選任された。

新政府軍は、明治二年五月十一日旧幕府軍に対する反撃を開始した。政府軍は、八、〇四一名である。陸軍参謀黒田了介（薩摩藩）、海軍参謀増田虎之助（佐賀藩）、海軍参謀増田佑準（柳川藩）等が指揮にあたった。旧幕府軍の重要拠点は、五稜郭陣屋、弁天台場、千代ヶ岡陣屋、上湯の川兵営である。政府軍は、五月十五日弁天台場、上湯の川兵営、翌十六日千代ヶ岡陣屋を陥落させ、五稜郭に迫った。五月十七日、旧幕府軍は政府軍に対し降伏した。翌十八日、旧幕府軍首脳榎本釜次郎・松平太郎・荒井郁之助・大鳥圭介は政府軍の軍門に下り、直ちに身柄を拘束され東京に護送された。同年六月三十日、東京に到着し、軍務官糺問所辰之口揚屋に勾留された。

太政官は、旧幕府軍の降伏に伴い明治二年六月十二日、「箱館降伏人処置ヲ軍務官ニ委ス」（沙汰第五二六号）とする布告をなした。本布告に基づき、軍務官（兵部省）のもとで箱館戦争海軍参謀増田虎之助・曽我準造が糺問長として榎本釜次郎等に対する捜査・裁判にあたることが決定された。太政官正院は、明治四年十一月九日榎本釜次郎外九名に対し恩赦を決定した。糺問正黒川道軌は、明治五年一月六日太政官正院の決定に基づき榎本釜次郎に対し「親類江御預ケ」、松平太郎等九名に対し「赦免」の所置（判決）

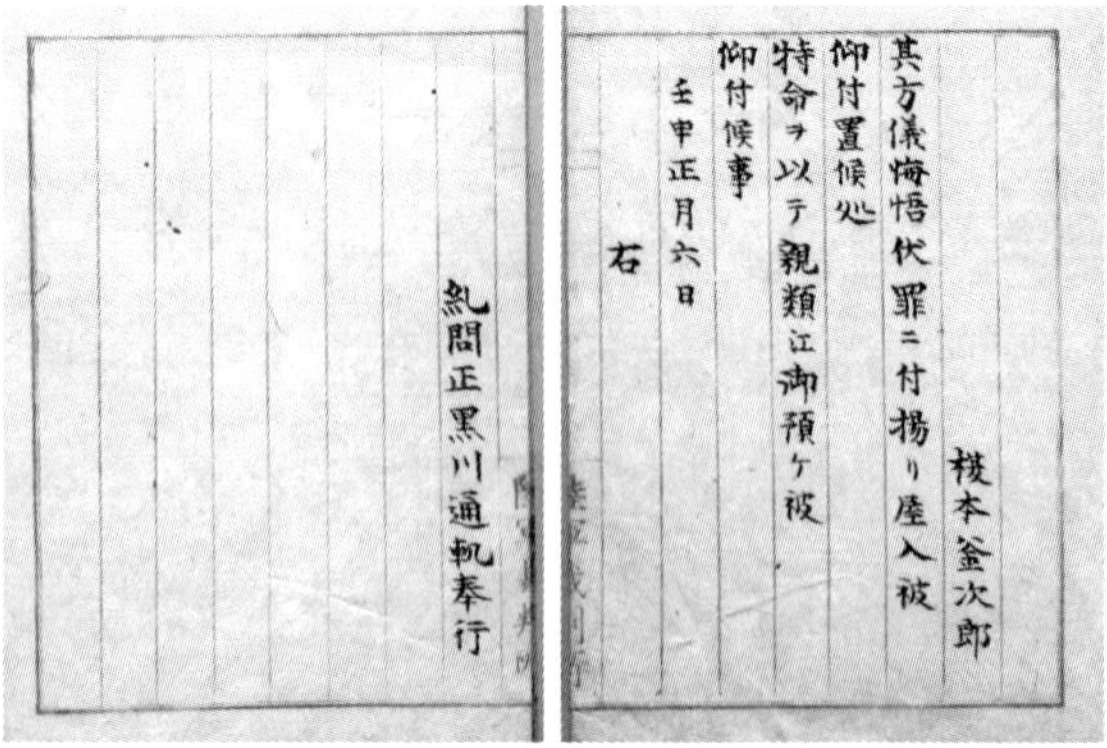

榎本釜次郎
其方儀悔悟伏罪ニ付揚り屋入被
仰付置候処
特命ヲ以テ親類江御預ケ被
仰付候事
右
壬申正月六日
糺問正黒川通軌奉行

榎本釜次郎判決書
(国立公文書館所蔵)

を言渡した。榎本釜次郎に対する所置は、同年三月七日「被免」に変更された。「被免」は、「赦免」である。

箱館戦争降伏人は、三、一三〇名である。旧幕府軍首脳榎本釜次郎等一〇名は、軍務官（兵部省）糺問司が所管し糺問・所置がなされた。別件で一名は、刑部省に移管。降伏人二、三〇〇人は、東京に送還され、その後各藩に帰された。さらに静岡・仙台藩降伏人五〇〇名は、蝦夷地開拓のため箱館にとどめられ「箱館降伏人取締役所」が所管した。しかし、開拓に適しない人材として順次帰藩の措置がとられた。蝦夷地残留者は、三一九名である。

第一章　捜査・裁判の構造

徳川時代には、民事訴訟は「公事訴訟」、刑事訴訟は「吟味物（事）」と呼ばれた。明治新政府は、これをそれぞれ「聴訟」と「断獄」と称した。

糺問主義

明治前期における断獄の所管は、明治元年閏四月二十一日政体（太政官布告第三三一号）においては「刑法官」、明治二年七月八日職員令（太政官布告第六二二号）においては「刑部省」と定められた。しかし、箱館戦争に関しては明治二年六月十二日「箱館降伏人処置ヲ軍務官ニ委任ス」（沙汰第五二六号）と定められた。

明治前期のおける刑事裁判の基本構造は、①最初の吟味は、判事があたる（初席）。②取調は解部があたる（下糺）。③吟味が終了したら本人の爪印等を押した調書を作成する（吟味詰）。④判決は判事がなすものである（判決・落着）。この基本構造は、徳川時代の公事方御定書から明治時代の獄庭規則―司法職務定制（明治五年八月三日太政官達無号）に承継されたものである（拙書『開拓使時代の司法』三三八、三六五、四五一頁以下）。本件は、「軍務官ニ委任」された。

刑事裁判の方式は、時代により異なる。第一は、糺問主義・弾劾主義に区別される。糺問主義においては、捜査官・裁判官職は一体である。弾劾主義は、捜査官職と裁判官職は、区別される。第二は、刑事裁判における「罪となるべき事実」の認定である。「罪となるべき事実」は、証拠に経験則を適用し認定する。さらに本人が自白し、「糺問詰リ之口書」が作成された場合、犯罪事実が確定するものである。第三は、判決書の記載である。第一方式は「主文」だけを記載し、第二方式は「主文」のほか「罪となるべき事実」、「法令の適用」を記載するものである。本件裁判においては、糺問主義、「糺問詰リ之口書」により、「罪となるべき事実」が認定された。

公事方御定書

徳川吉宗八代将軍のもとで、寛保二年（一七四二）「公事方御定書」上下二巻が編纂された。慶応三年十月十四日大政奉還がなされ、同月二十二日「刑法当分旧幕ノ法ニ依ラシム」（布告第三号）ものと定められ「公事方御定書」が適用された。「公事方御定書」は、明治三年十二月二十日新律綱領（太政官布告第九四四号）が制定されるまで施行された。公事方御定書の施行期間は、百二十八年に及ぶ。

公事方御定書下巻は、刑事法八一条、民事法一八条、裁判所法四条が規定される。窃盗罪は、第五六条に規定された。その条文の一部は、次のとおりである。

五十六　窃人御仕置之事

従前前例

一人殺し、盗み致し候もの　　引廻之上　　獄門

寛保元年極

金子は十両より以上、雑物は代金に積十両　　死罪

享保五年極

一軽キ盗いたし候もの　　敲

従前前之例

一湯屋江参、衣類着替候もの　　敲

従前前之例

一途中ニ而小盗いたし候もの　　敲

刑罰は、生命刑、身体刑、自由刑、身分刑、財産刑に区分され規定された。詳細は、拙著『開拓使時代の司法』四三三頁以下参照。

獄庭規則

刑事裁判について、明治三年五月二十五日獄庭規則（刑部省定第三六九号）が布告された。明治期における基本的刑事訴訟法制である。

獄庭規則は、以下のとおりである。

一　糺問之節、有位士庶人等之座席、不致混雑可取扱事
一　判事以上出席吟味之節ハ、事件掛リ之解部並史生両人見座、白州ニ相詰可申事
一　大獄・難獄ハ卿・輔出座ノ事
一　罪人最初吟味之節ハ、判事出座ノ事
一　下糺之節ハ、解部鞫問シ史生聞書可致、尤時宜ニヨリ丞出座ス
一　拷問ハ、判事以上相議取計事
一　口書・糺書トモ解部訂正之上丞出シ、然ル後浄書可致事
一　吟味済之上、口書、書判爪印、実印為致候節ハ判事□
一　刑名宣告ハ、判事為読聞候事

すなわち、①最初の吟味は、判事があたる。②重大事件、困難な事件は、卿、大・少輔が出座する。③判事以上の者が吟味を進める時は、事件掛解部、史生が立会い白州にてなす。取調は、解部が罪状を聴き、史生が調書を作成する。事件の内容により丞があ

たる。⑤拷問をするか否かは、判事以上の者が協議して決める。⑥吟味が終了した場合は、調書に爪印又は実印をとる。⑦判決の宣告は、判事とする。

箱館戦争裁判は、軍務官（兵部省）が所管するものであるが公事方御定書・獄庭規則は基本法令として適用されている。

第二章　捜査・裁判機関

捜査・裁判機関

明治元年閏四月二十一日、政体（太政官布告第三三一号）により太政官・刑法官・軍務官等が置かれた。明治二年五月十八日、旧幕府軍は降伏した。同年六月十二日、旧幕府軍降伏人の処置を軍務官の権限とした（沙汰第五二六号）。すなわち、政体では刑法官が所管していたが、特別措置により軍務官の権限としたものである。明治二年七月八日職員令（太政官布告第六二二号）が布告され軍務官は、兵部省に組織変更された。次いで明治二年八月一日、兵部省の部局として糺問司が置かれた（兵部省達第八三七号）。

捜査・裁判官職

軍務官における捜査・裁判官職は、判官事・権判官事（掌糺官事）である（明治元年四月二十一日軍務官ヲ置キ職制ヲ定メラレル　官令類輯第一号）。明治二年六月十二日、箱館戦争降伏人処置を軍務官に委任することが決定され（太政官布告第五二六号）、明治二年七月一日軍務官権判官事として海軍参謀長曽我佑準・増田虎之助が任命された。軍務官・兵部省の捜査・裁判官職の地位は、以下のとおりである。

捜査・裁判機関対比表

区分		軍務官	兵部省	刑部省
勅任官	長官		卿	卿
勅任官	次官		大輔	大輔
奏任官	判官	判官事・権判官事	少輔	少輔
奏任官	判官	判官事・権判官事	大丞	大丞 大判事
奏任官	判官	判官事・権判官事	権大丞	権大丞 中判事
奏任官	判官	判官事・権判官事	少丞	少丞 少判事
奏任官	判官	判官事・権判官事	権少丞	権少丞
判任官	主典			大解部
判任官	主典		大録	大録 中解部
判任官	主典		権大録	権大録 少解部

糺問長　海軍参謀増田虎之助・曽我佑準

糺問長増田虎之助・曽我佑準の任命状況は以下のとおりである。

明治二年六月十二日	箱館戦争降伏人処置を軍務官に委任	太政官布告第五二六号
明治二年七月—日 職員録改	軍務官 権判官事　曽我　佑準 権判官事　増田虎之助	アジア歴史資料センター 【レファレンスコード】A09054272100
明治二年七月八日 職員令（太政官布告第六二二号）		「軍務官」は「兵部省」、「判官事」は「丞」に組織変更
明治二年九月—日 職員録改	少丞　曽我　佑準 少丞　増田虎之助	アジア歴史資料センター 【レファレンスコード】A09054272700
明治四年六月—日 職員録改	少丞　曽我　佑準 少丞　増田虎之助	アジア歴史資料センター 【レファレンスコード】A09054276400
明治四年十二月—日	記載なし	明治四年十一月転任

曽我・増田は、軍務官判官事—兵部省丞に任命され本件糺問長として糺問・所置を所管した。そして、明治四年十一月太政院正院において恩赦が決定され、曽我・増田は糺問長から転任した。曽我は、続いて陸軍士官学校長、参謀本部次長、宮中顧問官、貴族院議員に就任した。陸軍中将、貴族院議員、子爵。

曽我祐準・増田虎之助の糺問長としての職務内容を調査した。しかし、本件事件記録は、存在するが保存場所は確認できないため、具体的職務内容の把握には限界がある。①曽我・増田は、箱館戦争における海軍参謀の地位にあり黒田清隆陸軍参謀とともに政府軍の指揮にあたった。したがって、その捜査・裁判の糺問長を務めることは、もっとも適任である。②軍務官判官事、兵部省丞の地位は、奏任官（政府高官）の地位にあり、刑部省判事職と同等である。③兵部省糺問司においては、「正」のみが裁判官職である。そして「正」が置かれたのは、明治四年十二月である。④曽我・増田が本省にあって本件の捜査・裁判官職を所管した。しかしそのことを記載した公文書は存在しない。⑤曽我祐準は、明治四十二年十二月十一日講演において、増田・曽我は本件糺問に関与し「糺問掛」・「糺問長」と呼ばれたと講話した。⑥そして明治三年十月曽我・増田により榎本の糺問がなされた。糺問事項は、仏国士官が旧幕府軍に参加した理由、脱走に対する徳川家の関与、ガルトネルに対し箱館土地を貸した理由である。本件における重要事項の糺問である。⑦政府軍海軍参謀曽我祐準・増田虎之助は、軍務官・兵部省における捜査・裁判官職の「長」として職務を遂行した。すなわち箱館戦争の経過内容を最もよく知り、かつ指揮・監督能力の高い指揮官が糺問長に就任したものである。

江戸絵図

江戸絵図は、「江戸大絵図」、「江戸切絵図」に区分される。「江戸大絵図」は、江戸市中全域およびその周辺を一面で表した地図である。「江戸切絵図」は、江戸大絵図が使いやすいように地域別に分割して作成されたものである。江戸関係絵図により、軍務官等の所在関係が明らかである。

第一図「嘉永二年江戸切絵図（大名小路神田橋内　内桜田之図）」においては、和田倉門内に「松平肥後守屋敷」、辰之口に「大岡主膳正屋敷」が置かれている。次いで、第二図「慶応元年改正江戸切絵図「御曲輪内大名小路絵図」によると「大岡主膳正屋敷」は、「歩兵屯所」とされた。旧幕府時代は、大鳥圭介が歩兵頭として活躍していた陸軍歩兵屯所である。次いで、第三図明治二年改正江戸切絵図「御曲輪内大名小路絵図）」によると「松平肥後守屋敷」・「大岡主膳正屋敷」は、ともに「軍務官」とされた。第四図「明治二年東京全図」によると「松平肥後守屋敷」は「兵部省」、「大岡主膳正屋敷」は「兵部省糺問所」となった。

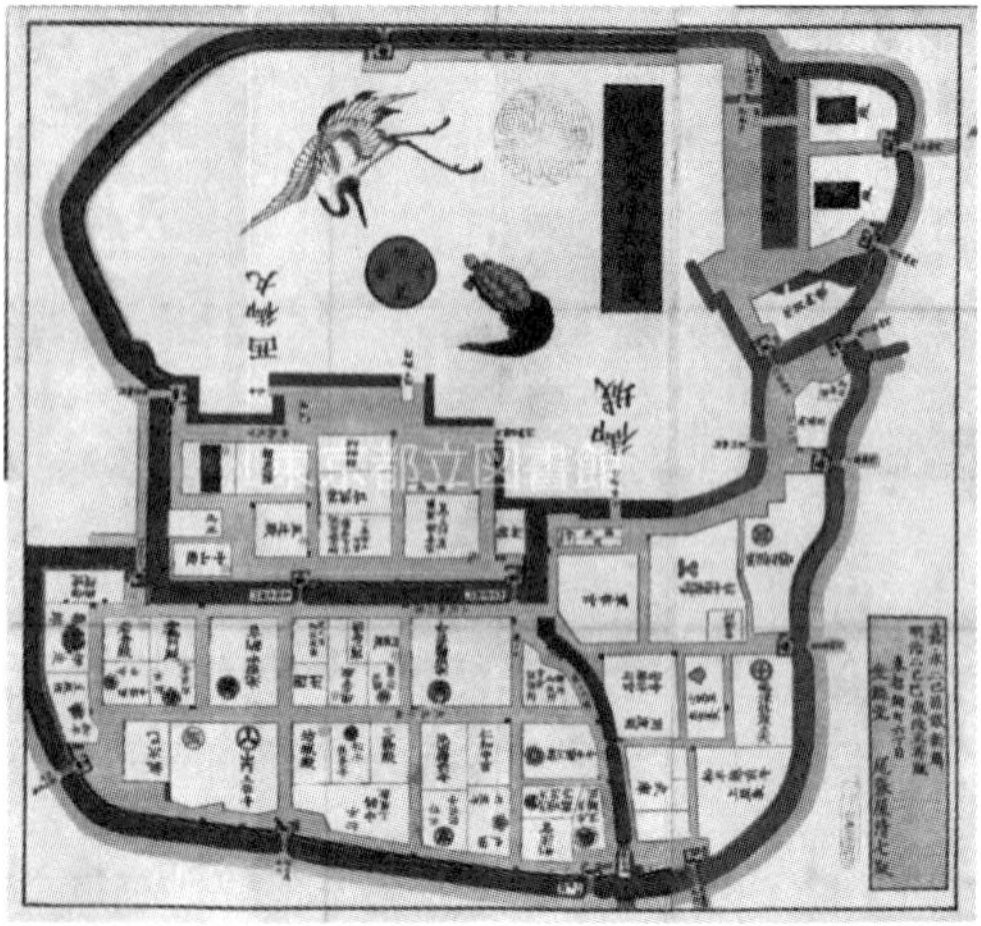

明治二年改正江戸切絵図

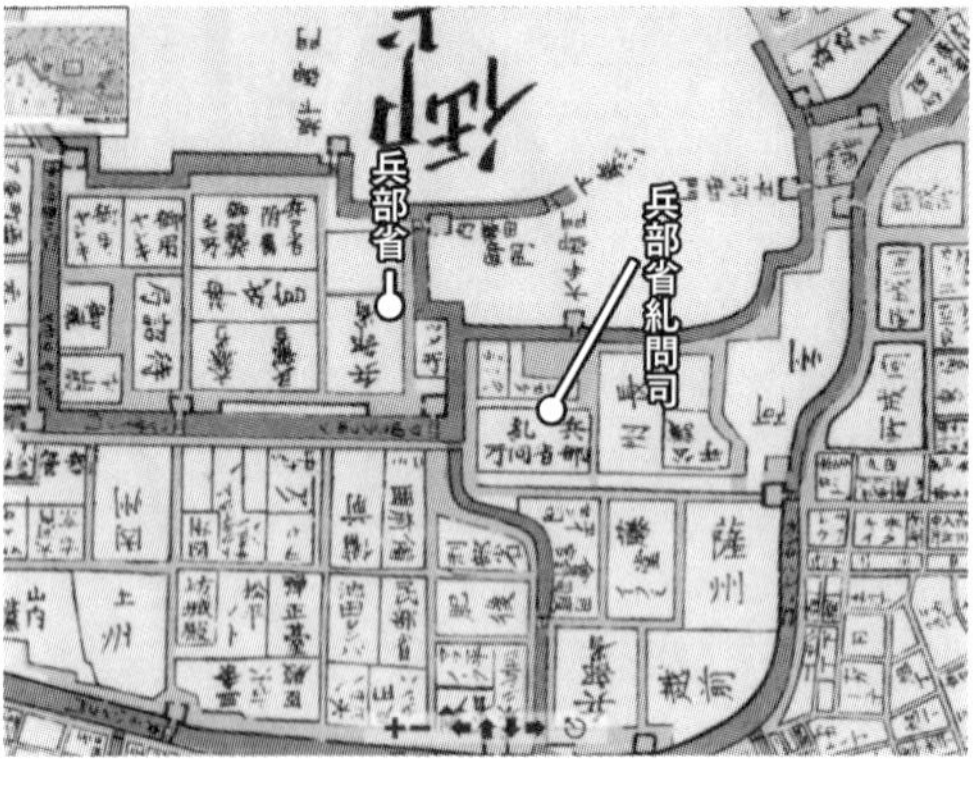

明治二年東京全図・関係部分拡大図

江戸関係絵図

	絵図・作成時期	屋敷区分		所蔵場所
		松平肥後守屋敷（和田倉門）	大岡主膳正屋敷（辰之口）	
第一図	嘉永二年江戸切絵図（大名小路神田橋内　内桜田図）	—	—	国立国会図書館
第二図	慶応元年改正江戸切絵図（御曲輪内大名小路絵図）	—	歩兵屯所	東京都立図書館
第三図	明治二年改正江戸切絵図（御曲輪内大名小路絵図）	軍務官	軍務官	東京都立図書館
第四図	明治二年東京全図	兵部省	兵部省糺問所	国際日本文化センター

第三章　裁判手続

糺問状況

榎本釜次郎等の糺問は、明治二年七月十日頃にはじまり、遅くとも明治二年十一月十五日までに「吟味詰り之口書」が作成された。すなわち弾正台は、明治二年十一月十五日弁官に対し「榎本釜次郎等口書」の一覧請求をなした。弁官は同日これを承諾した。したがって、榎本等の「吟味詰り之口書」は、明治二年十一月十五日現在作成されていたことが明らかである。

そのことは、以下の事実とも符合する。①本件について榎本等は、事実関係を争っていない。②榎本等は、明治二年六月三十日に勾留され明治二年十一月十五日まで四ヵ月半が経過しており、経験則上、口書の作成は可能である。③榎本等は、箱館から東京まで約一ヵ月半、箱館―青森は船舶、青森―秋田―東京は唐丸駕籠で護送された。糺問は、榎本等の疲れを考慮して十日位経過してから始まった。さらに④勾留中の榎本から姉に対し始めての書簡が送られたのは、明治二年十一月六日付である。すなわち、榎本等はその頃「吟味詰り之口書」の作成が終わり、親・兄弟・親戚に書簡を送ることが許されたものとみられる。

榎本釜次郎は、明治二年十一月十五日まで糺問がなされ「吟味詰り之口書」が作成された。その後さらに明治三年十月十六日および明治三年十二月二十四日糺問がなされた。

明治三年十月（榎本書簡No.11）

糺問期日

明治三年十月十六日

糺問官

権大丞　曽我祐準

少丞　増田虎之助

糺問事項

①佛国士官が旧幕府軍に参加した理由。②榎本等脱走に対する徳川家の関与。

③ガルトネルに対し七重村等の土地を貸した理由。

榎本の供述

①佛国士官の参加は、その意思によるもので佛国政府は関係していない。士官は、奥州諸藩にも雇われていた。②脱走は、榎本等の意思によるもので徳川家は関与

していない。③ガルトネルに対し土地三百万坪を期間九十九年で貸したのは、蝦夷地の開拓を進めるためである。

明治三年十二月（榎本書簡№23）

糺問期日
明治三年十二月二十四日
糺問官
首席糺問司　黒川通軌
糺問司役職者　列座
糺問事項・供述
榎本は、明治三年十二月二十三日箱館戦争についての始末書の提出を指示され、同日提出した。翌日「始末書」に基づき糺問がなされた。

始末書の内容は、旧幕府軍脱走から降伏までの経過である。始末書の作成は、明治三年十二月二十三日指示され同日提出した。したがって始末書の内容は、極めて簡明なものである。そして翌日二十四日白州において糺問が開かれ、首席糺問司黒川通軌が出席し糺問司役職者が列座した。そこで、首席糺問司から、「昨日提出した始末書の記載内容は相違ないか。」と問われ、榎本は、「相違ありません。」と答え閉廷したものと思われる。このような糺問がなされたのは、明治二年十一月「吟味詰り之口書」が作成されてから一年を経過したがいまだ「所置」がなされていなかったからである。これは、恩赦事由となった、「明治天皇即位大嘗祭」と関連する。別に論じる。

吟味詰り之口書

旧幕府・明治前期における刑事裁判において最も重要な糺問手続は、「吟味詰り之口書」の作成である。本書の作成により犯罪事実は確定し、法令を適用して判決を言渡すものである。そこで、裁判の内容を明確にするには、裁判記録・吟味詰り之口書・判決書が重要である。本件では判決書に「服罪之顛末御糺問ニ御座候」と記載されており、「吟味詰り之口書」に基づき作成されたものである。しかし、裁判記録、吟味詰り之口書を見つけ出すことはできなかった。

旧幕府時代有罪判決をなすには、原則として「吟味詰り之口書」が必要である。「口書」とは、一般に被糺問者の供述録取書をいうが、武士およびこれに準じる特別身分の者の場合は「口上書」と呼び、書式に若干の違いがある。吟味では、事件関係者の供述を録取し、証拠を収集し、これにより有罪と目すべき者については「吟味詰り之口書」を作成する。「吟味詰り」「吟味詰め」とは、吟味の終了を意味する。したがって、「吟味詰り之口書」は、吟味終結のための供述録取書である。犯罪事実は、この「吟味詰り之口書」により確定する。「吟味詰り之口書」の特色は、「結文言」で末尾を結ぶことである。すなわち「不埒之旨御吟味受可申立様無御座候」、「不届之旨御吟味受無申被奉誤入候」と書かれたが、これは、自己の刑事責任を異議なく承認するものである。刑の重さにより記載内容は異なる。記載内容は、供述者の肩書・氏名・年齢に始まって、供述内容又は問答体で罪状を供述形式にするものである。口書末尾には、「吟味済之上口述書判爪印実印」（獄庭規則）・「罪人吟味済口書詰印」（「糺問司入牢人取扱方ヲ定ム」）が必要である。「吟味詰り之口書」は、自己の犯罪事実を認めた証書である。

明治七年三月二日、司法省から各裁判所・県に対し「裁判上口書ノ事」（第四号）が布達された。

裁判上口書ノ事

口書ノ儀ハ、元来本人ノ申シ口ニ随ヒ、其真ヲ不失様相認、○詞俚言モ、其ノ儘ニ記載ス可キハ、当然ニ候処、此ノ程口書中、往々勉テ漢語ヲ雑用シ、本人ヘ読ミ聞セ候テモ、解シ得間敷キ事トモ有之、万一ソレカ為メ、誤判ヲ生シ候儀モ候テハ、不相済候條、自今犯罪ノ顛末ヲ無遺漏記載シ、無益ノ文飾ニ不渉様可致、此ノ旨為心得相達候事

（聴訟指令　第二編第一巻　第五二）

本裁判から二年を経過している布達であるが、糺問における基本的課題でありここにあげた。すなわち口書は、犯罪事実を確定するものであるから、その誤りは判決の誤りとなる。したがってその記載内容は、正確でなければならない。「漢語ノ雑用」、「無益

ノ文飾」等あってはならないというものである。

榎本等口書の存在調査

榎本釜次郎等「吟味詰り之口書」が存在する根拠は、復古記の「榎本釜次郎外五名口書」および維新史料綱要の「榎本武揚等口述書」の記載である。

○榎本釜次郎外五名口書ニ云　榎本釜次郎、松平太郎、荒井郁之助、大鳥圭介、永井玄蕃、六月弐九日陸行東京着、即日當御司軍務官鞫獄司ヲ指ス監倉入被　仰付候

（復古記第十四冊　復古外記蝦夷戦記第十　七三四頁）

「榎本釜次郎外五名口書」とあるが、榎本釜次郎を含め松平太郎、荒井郁之助、大鳥圭介、永井玄蕃の五名と思われる。「監倉」は、司法職務定制（明治五年八月太政官達）により揚屋の名称が変更された。「軍務官鞫獄司」とあるが、鞫獄司は政体（明治元年閏四月太政官布告）により「刑法官」のもとにおかれた。

○明治元年十月二十日　旧幕府海軍副総裁榎本釜次郎等、蝦夷地鷲木ニ入リ、兵ヲ分テ五稜郭及箱館ニ向フ、箱館府知事清水谷公考、府兵及弘前松前二藩ヲ出シテ之ヲ拒グ、会津奥羽鎮撫総督府、福山大野二藩ヲシテ来援ケシム、公考、乃チ其兵ヲ分テ弁天岬・尻澤辺・谷地頭等諸處ヲ警守セシム

榎本武揚等口書　幕末実戦史　北蝦戦記　箱館海陸戦日記　太政官日誌　清水谷伯爵家文書等

（維新史料綱要巻九　五五六頁以下）

本書においては、「榎本武揚等口書」が引用されておりその存在は明確である。

したがって、榎本等の「吟味詰り之口書」が作成され存在したことは明らかである。しかし、現在どこに保存されているか不明である。そこでその調査を進める。

弾正台

弾正台は、明治二年十一月十五日弁官に対し榎本釜次郎等口書の一覧請求をなした。

そこで、その経緯を検討する。

榎本釜次郎等に対する裁判に最も大きな影響を及ぼしたのは、新政府軍陸軍参謀黒田清隆である。黒田がいなければ、榎本等は直ちに極刑に処せられた。しかし、これまで議論の対象とされないが、弾正台の動きも裁判に大きな影響を及ぼした。その内容については、本書における一つの重要な課題としたい。

明治二年五月二十二日、弾正台が設置された（太政官布告第四七〇号）。弾正台の設置目的は、以下のとおりである。

弾正巡察ハ、天子ノ耳目国興廃ノ所係其実挙ルトキハ、国家治マリ不挙ノトキハ国家乱ル、然レハ万世不援不朽ノ基本確定セサルヘカラス、…巡察実ヲ挙ケ弾正躰ヲ不夫皇威皇張ノキ基立ヘシ

弾正台は、天皇の耳目である。そして政府機関・府藩県を監察するものである。

明治二年年七月十日「弾正台職務ヲ定ム」（太政官布告第六三四号）が布告された。

一　制度布告、賞罰等其時々、弾正台へ申達候事
一　勅授官以上幷華族ノ面々、叙爵黜陟等ノ節、弾正台立会可致事
一　弾正台大少忠、日々太政官へ出仕可致事…
一　諸省、待詔院、集議院、東京府等時々大少忠、大少巡察等巡察可致事
一　刑法大獄有之候節、弾正台立会可致事
右之通被相定候間此旨相達候事

第一項、政府機関が布告、賞罰等した場合は弾正台に報告する。第二項、勅任官・華族等高官の叙勲・爵位等には弾正台が立ち会う。第三項、弾正台大忠・小忠は毎日太政官に出勤する。第四項、弾正台大忠・小忠は政府機関・東京府等地方行政機関を巡察する。第五項、刑事大獄事件は弾正台が立ち会う。

獄庭規則（太政官布告第三六九号）には、「白州体裁図」に裁判長の陪席として「弾正台」

が定められている。

弾正台は、明治四年七月九日刑部省と激しい対立・抗争等もあり廃止された。存続期間は、約二年である。

榎本等口書一覧請求

弾正台は、明治二年十一月十五日太政官（弁官）に対し榎本釜次郎等口書の一覧を求めた。その経緯は、以下のとおりである。

過日榎本釜次郎等ノ口書兵部省ヨリ御達申候由、右ノ口書一覧致度儀有之候処、同省ニ扣《ひかえ》留無之ニ付御達致候、本書ナリ写ナリ早々御面シ有之度候也

十一月十五日　　弾　正　台

弁　官　御中

口書闕

榎本釜次郎口書云々承知致候、追テ従是可申入候也

十一月十五日　　弁官

過日申進候、榎本釜次郎口書早々御面有之度候也

十一月十九日　　弾正台

弁官　御中

榎本釜次郎口書一紙ヨリ外無之ニ付、跡《後》ヨリ御面可申入、依テ御回答申入候也

十一月十九日　　弁官

弾正台

（国立公文書館デジタルアーカイブ【請求番号】公00078100【開始コマ】0115）

弾正台は、明治二年十一月十五日弁官（太政官）に対し兵部省から弁官に提出された榎本釜次郎等の口書の提出を求めた。本口書は、「吟味詰リ之口書」である。弁官は同日、

弾正台に対し承諾した旨回答した。弾正台は同月十九日、弁官に対し口書の早期提出を求めた。弁官は同日、弾正台に対し口書は一冊よりないため提出が遅れている旨回答した。しかし、同月十九日の弁官から弾正台に対する回答のあと、いつその提出がなされたか確認できる文書がない。

榎本口書の動向

ここで重要なことは、榎本口書の動向である。①榎本釜次郎口書は、明治二年十一月十五日の段階で兵部省糺問司により作成された。②弾正台がこれを知ったのは、糺問の立会いをしていたからである。③その原本が兵部省から太政官・弁官のもとに送付・保存された。④兵部省では、口書の原本送付にあたり、写を作成していなかった。⑤これは、本調書は極めて重要なもので口書内容の秘密保持にあった。⑥その後、弾正台が榎本釜次郎口書を一覧したか否かは明らかでない。⑦明治五年一月六日榎本等に対する裁判段階においては太政官（弁官）から軍務官（兵部省）に送付されたものと考えられる。⑧しかし、明治五年一月六日榎本釜次郎に対する「親類江御預ケ」の判決は、同年三月七日「被免」に変更され翌三月八日「開拓使四等出仕」に任命された。そして榎本は、我が国における大使・大臣として活躍した。このような状況のなかで榎本口書は、どのように措置されたかである。

第四章　裁判書

主文

明治五年一月六日、兵部省糺問所において榎本釜次郎等に対し以下のとおり所置（判決）が言渡された。

榎本　釜次郎

其方儀、悔悟伏罪ニ付揚リ屋入被仰付置候処　特命ヲ以テ親類江御預ケ被仰付候事

壬申正月六日

右
糺問正　　　　　　黒川道軌　奉行

松平　太郎
荒井　郁之助
永井　玄蕃
大鳥　圭介
澤　太郎左衛門
渋澤　誠一郎
佐藤　確之助
仙石　丹治郎

其方共儀、悔悟伏罪ニ付揚リ屋入被仰付置候処　特命ヲ以テ赦免被仰付候事

壬申正月六日

右

糺問正　　黒川道軌　奉行

松岡磐吉儀悔悟伏罪ニ付、揚リ屋入被仰付置候処　特命ヲ以テ赦免被仰付候　此旨相達シ候事

壬申正月六日

右

糺問正　　黒川道軌　奉行

榎本釜次郎に対する判決は、以下のとおり変更された。

榎本　釜次郎

親族預ケ被仰付候処　以特命被免候事

壬申三月七日

太　政　官

榎本釜次郎儀親族預ヶ被仰付置候処　以特命被免候條　此旨相違候事

壬申三月七日

正　　院

陸軍省

犯罪事実認定書

榎本釜次郎等の犯罪事実は、以下のとおりである。犯罪は、「脱走」・「官軍ニ攻敵」である。

元徳川慶喜家来	海陸軍総裁	榎本　釜次郎
同	同　副総裁	松平　太郎
同	海軍奉行	荒井　郁之助
同	開拓奉行	澤　太郎左衛門

同　　函館奉行　　永井玄蕃

同　　彰義隊々長　渋澤誠一郎

軍艦数艘ヲ以奥州へ脱走、官軍ニ抗敵仕、遂ニ悔悟伏罪之顛末御糺問ニ御座候

此段旧主徳川慶喜恭順之後、軍艦兵器等尽ク御取上ニ相成候趣承知仕候ニ付、此上主家之興廃如何可相成ト焦慮ノ余リ、順逆ヲ不弁蝦夷地江割拠仕恢復可致所存ニテ、明治元辰年八月十九日夜、開陽・回天・蟠龍・千代田・神速・長鯨・美加保・咸臨等之八艦ニ、人数二千人余乗組ノ儘品川沖出帆脱走　同月廿一日銚子沖ニ而風雨ノ為ニ諸艦大半破損ニ及ヒ、咸臨・美加保ハ破損仕、残ル六艘奥州仙台東名港ニ着修復中、春来会津表へ脱走致居候大鳥圭介始兵卒引率、奥羽ノ同盟謝罪相成候由ニテ、仙台表へ引キ上ケ来リ　右人数幷ニ元仙台二藩等脱走之者共併セテ千人余私共人数ニ加リ、更ニ大江・鳳凰ノ二艦相増都合八艦、乗組人数千三百人許ニテ十月九日仙台出帆　同十六日南部鍬ケ崎へ着、薪水用意仕、同十六日同所出帆。同十八日蝦夷嶋ノ内鷲ノ木浦着　元箱館府知事清水谷殿江蝦夷地ノ儀ハ徳川家ヨリ兼而朝廷江願出ノ趣モ有之候ニ付、暫ク同家ニ御預ケ被下置度、自然御許容無之候後ハ不得

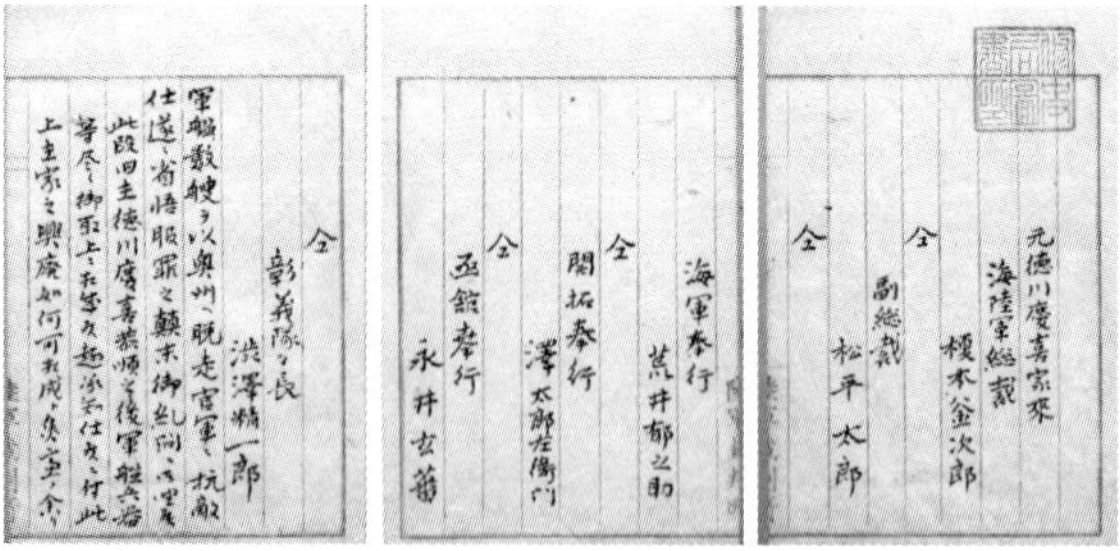

榎本釜次郎等犯罪事実認定書
(国立公文書館所蔵)

止官軍ヘ抗敵可仕云々出願ノ為、部下ノ士人見勝太郎江人数一小隊差添五稜郭ヘ向ケ出立為致、同廿一日峠下村止宿罷在候処、同夜箱館出張之官軍ヨリ夜襲ヲ被リ、是ヨリ戦争相始マリ、官軍御引上ケニ相成候ニ付、同廿五日箱館并ニ五稜郭ニ一同転居仕、十一月二日元松前藩ト戦争、同十八九日頃迄ニ松前人数尽ク津軽領土引上ゲニ相成申候　其頃、英仏二国軍艦箱館ニ入港、右二国船将ヨリ天朝ヘ嘆願之筋有之候得共、取次可致旨申聞候ニ付、不取敢前文清水谷殿江出願ノ願意ヲ認メ、奏問書一通相頼ミ、伏テ奉待朝命居候処、巳年三月中旬英仏両国軍艦入港、右船将ヨリ、兼テ差上候奏問書之儀ハ御直ニ脱走之者江御沙汰有之候趣ニ付、左様相心得候様申聞候　然ルニ其節御追討之風聞モ有之候ニ付、機ニ先ンシ可申心得ニテ、回天・蟠龍・アシロット三艦ニテ南部鍬ケ崎江罷越候途中、大風雨ニ逢ヒ蟠龍・アシロットヲ失ヒ、同廿五日朝回天艦一艘ニテ御軍艦ノ碇泊所江乗入及、戦争遂ニ敗衂箱館港江乗回シ、夫ヨリ四月十日官軍江差在乙部村エ御上陸、引続キ抗戦、五月十三日薩州藩田嶋敬蔵殿五稜郭江被相越、謝罪ノ儀御説得有之、同十七日榎本釜次郎・松平太郎両人御陣所へ罷越、両人儀是迄魁主魁主トシテ抗敵仕候段、今更悔悟伏罪仕、甘ンジテ侍斧鉞之誅候　就而ハ自余ノ者共都而、御寛典之御所置ヲ被仰付度、奉嘆願候処、参謀黒田了助・増田逓之助殿御聞届ニ相成候　尤其節海軍ハ荒井郁之助、陸軍ハ大鳥圭介専務ニ取扱居候ニ付、両人モ同様伏罪ノ席江相列候様被仰聞候ニ付、翌十八日右四人軍門ニ降伏謝罪仕、箱館表ニ於テ謹慎ヲ仰付ラレ候　先之永井玄蕃儀ハ箱館帰リ候節、同所弁天岬台場ニ罷在候処、田島敬蔵殿罷越謝罪之儀説得有之、同十五日ニ悔悟伏罪仕、同廿二日参謀所与ノ御差図ニテ前四名方へ同居謹慎ヲ仰付、同日五人之者共東京ニ於テ可奉仰朝裁旨御達有之、翌日箱館表出立、元熊本藩兵隊護衛ニテ、六月二十九日陸行東京着、即日当御司監倉入牢仰付候　後又澤太郎左衛門儀ハ同年正月ヨリ東蝦夷地内モロラン江開拓ニ罷越候処、五稜郭之者共一同伏罪之旨御使申置候ニ付、部下之者共ヲ説得仕、五月廿二日一同伏罪仕、六月十一日箱館表江罷越、同月廿八日同所出帆、七月四日品川着船、翌五日当御司監倉入牢仰付候
渋澤誠一郎儀ハ湯ノ川ト申所江出張致シ居、六月十八日伏罪仕、澤太郎左衛門同船ニテ東京

着、当御司ニ於テ同様被仰付候
右之通相違無御座候事
辛未十二月

（註）「元熊本藩兵隊護衛ニテ、六月二十九日陸行東京着、即日当御司監倉入牢仰付候」とあるが東京着・入牢は「六月三十日」である（復古記第十四冊　復古外記蝦夷戦記第十七三四頁　大鳥慶喜・南柯紀行　九八頁）。

元徳川慶喜家来
陸軍奉行　大鳥圭介
中口

兵隊ヲ引率奥州江脱走、官軍ニ抗敵仕、遂ニ悔悟伏罪之顛末御糺問ニ候
此段旧主徳川慶喜恭順之後、兵器等盡ク御取上ニ相成候趣承知仕候ニ付、此上主家ノ荒廃如何相成ヘクト焦慮之余リ順逆ヲ不辨。明治元年辰四月十一日兼テ指揮致居候兵隊引率

東京脱走、同十七日野州小山ニテ戦争、其後日光江罷越、夫ヨリ一旦元会津領田嶋村江趣キ、閏四月下旬再ヒ野州藤原村江出張七月下旬迄同所滞陣、八月初旬会津若松城下江引上ケ、其後猪苗代江出張、会津藩之形勢ヲ熟考仕候ニ官軍追々御繰込、其勢難當若松迚モ頼ニ不相成ト見斗リ卒イニ、九月初旬同所出立同中旬仙臺城下江着。榎本釜次郎・松平太郎ト申談、引卒之兵隊共一同軍艦江乗込、其後総テ右二名ト倶ニ進退五稜郭江罷在候処、五月十三日薩州藩田嶋啓蔵殿ヨリ榎本釜次郎江謝罪ノ儀説得有之候ニ付、同十八日軍門ニ降伏謝罪仕、箱館表ニ於テ謹慎被仰付、同廿ニ日東京ニ於テ可奉仰、朝裁旨御達有之、翌日出立元熊本藩兵隊護衛ニテ六月廿九日陸行東京着、即日當御司監倉入被仰付候

右之通相違無御座候事

元仙台見国隊参謀　佐藤確之助
同　会計方　仙石丹二郎
申口

仙台ヲ脱走仕追テ悔悟服罪ノ始末御糺問ニ候

此段御一新ノ秋ニ方リ遠僻ノ土地ニ罷在、騒擾之際一時方向ヲ失ヒ候ヨリ順逆ヲ誤リ、明治二年四月八日仙台表脱走、気仙郡唐桑浜出帆、同月十四日蝦夷嶋砂原へ着、翌十五日五稜郭江罷越、榎本釜次郎・松平太郎江附属仕　五月十三日箱館表ニ於テ伏罪仕同所ニテ謹慎被仰付、六月廿八日澤太郎左衛門・渋澤誠一郎同様乗船仕、七月四日品川着、翌五日当御司揚屋入被仰付候

右之通相違無御座候

裁判書を読む

榎本釜次郎に対する明治五年一月六日「親類江御預ケ」の判決は、同年三月七日「被免」に変更された。「被免」は、「赦免」である。そして榎本は、翌三月八日「開拓使四等出仕」に任命されたものである。「開拓使四等」は、奏任官であって勅任官（大臣）に次ぐ高官である。

「陸軍裁判所記」は、その用紙が「陸軍裁判所」罫紙であり、陸軍裁判所により作成されたものである。陸軍裁判所は、明治五年四月九日兵部省糺問司が廃止され設置された（太政官布告第六〇号）。したがって、「陸軍裁判所記」編綴の「主文」「犯罪事実認定書」は、陸軍裁判所が設置された後、兵部省が原本を写したものであある。

「主文」・「犯罪事実認定書」の形成について若干補足する。①第一・二区分の犯罪は、「脱走」・「抗敵」であり、第三区分は「脱走」である。②判決は、「親類江御預ケ」（榎本）、「赦免」（松平等）であって「恩赦」である。③明治四年十一月九日太政官正院において恩赦が決定された。恩赦事由は、明治天皇即位大嘗会である。④アメリカは、日本に対し、榎本釜次郎等の赦免を求めていた。したがって、明治四年十一月十二日岩倉使節団の出発前にその決定をする必要があった。⑤木戸考允（長州藩）派の厳罰論、黒田清隆（薩摩藩）派の寛典論が対立していた。厳罰論者は、岩倉使節団の派遣を進めるため寛典論に同意した。⑥判決は「特命」により「赦免」とした。特命権者は、太政院正院である。⑦榎本等の「犯罪事実認定書」は、「吟味詰り之口書」によるものである。大鳥等の「犯罪事実認定書」は、「申口」である。「申口」は、「供述調書」である。⑧第一区分の「犯罪事実認定書」には、作成日付として「辛未十二月」(明治四年十二月)が記載されている。第二、三区分「犯罪事実認定書」には記載されていない。これは、第一区分は「吟味詰り之口書」、第二、三区分は「申口」(供述調書)によるものである。⑨榎本釜次郎対して「親類江御預ケ」の判決がなされた。しかし、太政官が「親族預ケ被仰付候処、以特命被免候事」に変更した。その理由は、榎本を開拓使に登用することにあった。

第五章　判決・恩赦

恩赦は、国家の刑罰権の全部又は一部を消滅若しくは軽減させる制度をいう。恩赦権者は、君主等時代により異なる。恩赦事由は、国家・皇室に大吉・兇の大事があったとき、特に囚人を許すことに始まった。そして、誤判の救済のための恩赦、社会の変化や事情変更に基づく恩赦、受刑者の事後の行状に基づく恩赦と拡大された。

本件判決の主文は、「特命ヲ以テ親類江御預ケ被仰付候事」(榎本釜次郎)、「特命ヲ以

テ赦免被仰付候事」（松平太郎・荒井郁之助・永井玄蕃・大島圭介・澤太郎左衛門・渋澤誠一郎・佐藤確之助・仙石丹治郎）、「特命ヲ以テ赦免被仰付候此旨相達シ候」（松岡磐吉）である。

すなわち、太政官正院の「特命」により「恩赦」の決定をしたものである。

明治期、恩赦を「御赦」といった。幕府時代の「赦」は、赦されるべき罪が未決であるか、既決であるかにより「現在之恩赦」と「過去之恩赦」とに区別され、「赦」の施行の事由により「御祝儀之御赦」と「御法事之御赦」に区別された。本件の恩赦は、未決であるから「現在之恩赦」であり、明治天皇即位大嘗祭による「御祝儀之御赦」である。

そこで、恩赦における「恩赦事由」と「恩赦理由」について検討を進める。

恩赦事由

明治四年十一月七日、明治天皇即位に関する大嘗祭の開催の大嘗祭告諭書が公布された（太政官布告第五七三号）。

明治四年十一月十七日、大嘗祭が皇居の吹上御苑《ふきあげぎょえん》において行われた。

大嘗祭は、天皇践祚《せんそ》の年、またはその翌年に、皇位を承継する所以を天祖および天神《てんじん》地祇《ちぎ》に奉告し、併せて天皇自ら新穀を供される儀式で、天皇の一代に一度のみ行われる大祀《たいし》である。毎年、大嘗祭に類した儀式が十一月後半の卯・辰・巳の日に行われている。これは新嘗祭《にいなめさい》である。大嘗祭は、天武天皇朝に始まると言われ、戦国時代から江戸時代の中頃まで中絶したものの、再興された。

明治天皇の即位後、天皇の京都還幸の際に大嘗祭を行おうという動きがあったものの、明治二年以降も世上騒然として、大嘗祭の実施は困難な状況であった。政府は、明治四年十一月に行うこととしたが、神武天皇の創業を模範とすることを国是としたのを受け、江戸時代までの儀式次第と異なる新儀式を行うこととなった。すなわち、京都でなく東京で大嘗祭を行うこと、浜離宮の延遼館で開かれた豊明節会に外国の使臣を招くこと、官民に大嘗祭などの建物を公開し、また儀式の要旨を印刷して周知させるなど、いくつもの新機軸を打ち出し、大嘗祭の意義を内外に知らしめようとしたものである。

（明治天皇とその時代　五二頁）

すなわち、①明治四年十一月十七日大嘗祭が実施された。②本来なら、遅くとも即位の翌年開催すべきところ「世情騒然として」困難な状況であった。③祭典は、その意義を内外に示すため新機軸を打ち出した。そして、勅・奏・判任官の参朝、斎場の参拝等一一本の法令・達の布告がなされた。④榎本釜次郎等に対する恩赦事由が大嘗祭であるとするとする法令・達は布告されていない。しかし、恩赦事由が大嘗祭であることは明らかである。

恩赦理由

恩赦は、量刑の範囲である。量刑を決定する要素として重要なことは、犯罪の動機・要因、犯罪の手段・方法、被害の程度、同種事件との比較均衡である。

本件は、①旧幕府軍の新政府軍に対する反抗行為であり、②その規模は、政府軍八、〇四一人、旧幕府軍三、六六一人に及び、③政府が統治していた箱館地区を武力により約九カ月に亘り不法占拠した。④何よりも重大なのは、政府軍の戦死・負傷者七七〇人に及んだことである。したがって、旧幕府軍首脳は総て死刑にすべきであるとの主張されたことは、当然である。しかし、裁判の結果は、「恩赦」である。恩赦の主な理由は、箱館戦争の要因、アメリカ・フランスの動向等である。

西郷隆盛

わが国は、明治三年一月二十七日アメリカから榎本釜次郎等の赦免を求められた。さらにアメリカ・欧州視察のため、明治四年十一月十二日視察団が出発することが決定されていた。そのため同日まで、箱館戦争裁判の終結が必要であった。

参議西郷隆盛は、右大臣岩倉具視と事前協議した上、明治四年十一月八日朝参議木戸孝允を訪ね、榎本等につき寛大な処分をすることを説得した。木戸参議は、同月十二日アメリカに出発することを控え、これに同意した。

西郷隆盛・大久保利通・黒田清隆は、同じ薩摩藩である。大久保は、黒田から榎本等に対する寛大な処分がとられるよう頼まれていた。

大久保の岩倉に対する明治四年十一月八日付書簡は、以下のとおりである。

大久保利通から岩倉具視に対する書翰（明治四年十一月八日）

御書拝讃仕候、然ハ三ヶ条之事御示諭之趣奉畏候、内實ハ西郷へ申談、同人今朝木戸江参候而篤与《とくと》打合之筈ニ御座候、其上於、正院是非御決定相成候様可致賦ニ御座候、乍去、條公云々之御趣意ニ候得ハ、以可々ニ可有之哉、何分今日参朝之上相伺候様可仕候…

十一月八日　利通

岩公

「三ヶ条」トハ、旧幕臣榎本等ノ任用発表ニ関スルコトニシテ、当時三條公ハ先ツ榎本等ヲ大嘗会ノ大赦ニ於テ、宥免セシメントノ意見ヲ有シタルナリ

（大久保利通文書四　四一二・三頁）

続いて、岩倉より大久保宛の書簡が続く。

岩倉公より大久保公への書翰（明治四年十一月八日）

前略　…

一別紙伊藤書状之通ニ付、兼而御談合三條云々是非今明日御発表之様、西郷・大隈等江御申談可給候、明日、條公・板垣等江段々申述候処、條公ニハ大赦云々之論モ候得共、板垣ニハ小生見込至極同意ニ候、尤兼而御議論中候通リイツク迄モ使節発遣之大挙上之条理ヲ以、申述候事ニ候、此上ハ今朝以後之処、足下御盡力有之度存候、扨早々如此候也

十一月八日　　具視

大久保　殿

（大久保利通文書四　四一四頁以下）

この書簡交換において、極めて重要な事項が明らかにされた。すなわち、太政大臣三條實美は、「榎本等ヲ大嘗会ノ大赦ニ於テ宥免セシメントノ意見ヲ有シタルナリ」という。これは、太政大臣の意見であって、恩赦決定である。新嘗祭は、毎年十一月に天皇が行

う収穫祭である。大嘗会は、天皇が即位の礼の後、初めて行う新嘗祭である。明治天皇の即位式は明治元年八月二十七日、大嘗会は明治四年十一月十七日行なわれた。すなわち、明治四年十一月八日西郷等の動きがあり木戸は榎本等の恩赦に同意した。そこで翌九日太政官正院において、榎本等の恩赦が決定した。恩赦事由は、明治天皇即位大嘗会（明治四年十一月十七日）である。祝典による恩赦である。

廟議

廟議は、朝廷における評議であり、国の重大事項を評儀・決定するものである。廟議について「維新史料綱要」は、以下のとおり記録する。

明治二年六月十日

箱館戦争賊魁ノ処分ヲ参謀等ニ諮問ス、是日処分ニ関シ廟議アリ

（維新史料綱要第一〇巻　一三六頁）

榎本釜次郎等に対する所置廊議は、「斬罪」に傾くことがあった。維新史の論述は、以下のとおりである。

明治二年六月十三日参与木戸準一郎の軍務官副知事大村益次郎に対する書面

朝敵御所致之仕第、是まで少々不都合も有之候得共稍条理も相立居候処、此度榎本其為其兎角還延仕候、榎本等も可惜才芸は有之候得共、於条理如何とも難仕、付而は、巨魁之もの丈け死罪、司令己上於生藩禁錮、其余は軍務においていか様とも御委任に付、徒罪同様に御遣ひ有之候とも且々其処を得候得は、よろしく御座候事に付、遮而言上仕候

（木下孝充文書）

と論じた程であった、議定岩倉具視・参与大久保一蔵等も亦略、之と同意見であった、獨り黒田了介は満潮の反対にも拘らず、敢然として赦免の議を唱へ、爾来二箇年有余の永きに亙って反復主張せる結果、遂に五年正月六日に至り、…恩典に浴することを得たのである

黒田清隆
（函館市中央図書館所蔵）

榎本釜次郎
（函館市中央図書館所蔵）

（維新史第五巻　三三五頁以下）

さらに廟議について「明治天皇紀」には、以下のとおり記録されている。

明治二年九月二日

御前会議あり、三日・四日・五日・十三日・十五日・十七日・十八日・十九日・二十日・二十三日・二十四日・二十五日・三十日亦同じ、月中合わせて十四回なり、主として入道公親王輪王寺宮・前将軍徳川慶喜・元会津藩主松平容保等と賊徒榎本武陽等の処分とに関する審議ありたるなり

（明治天皇紀第二　一八三頁以下）

すなわち、明治二年九月二日の段階で榎本等の処分案は、約十四回審議された。かなり深い論議なされたとみられる。明治天皇紀においては、さらに明治五年一月六日所置（判決）が記録されている。

明治五年一月六日

明治二年五月、箱館五稜郭に敗れて軍門に降り、軍務局糺問所の獄に投ぜられし榎本武揚・松平太郎・荒井郁之助・永井尚志・大鳥圭介等十名に対し恩赦あり、即ち武揚を親族預と為し、太郎等九人を悉く赦免す、爾後武揚は実兄榎本武興の家にありて謹慎せしが、三月七日に至り、又特赦の恩命に浴せるのみならず、翌八日開拓使四等出仕に補せらる。仰仰武揚等が降伏後の処分に就いては、廟議寛厳両派に分かれて決せざりしが、開拓次官黒田清隆、天下をして皇恩の浴きを知らしめんと欲し、且武揚等が材器を惜みて寛典を求め、固く請ひて止まざるに依り、遂に其の議に決定し、ここに至仁至慈の聖断をするに至れり、

（明治天皇紀第二　六二三頁以下）

明治四年七月二十九日太政官職制（太政官布告第三八五号）、太政官職制幷事務章程・正院事務章程（太政官布告第二八六号）が制定された。正院は、太政大臣・左右大臣・参議により構成され（明治四年八月十日　官制改定　太政官布告第四〇〇号）、正院事務章程は「正院ハ天皇臨御シテ萬機ヲ総判シ大臣納言之ヲ輔弼シ参議之ニ参与シテ庶政ヲ奨励督スル所ナリ」定めた。

そこで、本件所置は太政官・参議の動向に照らすと天皇の臨席する正院において審議・決定がなされた。正院の会議は、天皇が臨御し審議されるので「廟議」となった。

大嘗祭と箱館戦争裁判との関係をまとめた。次の動きが確認される。

明治四年　七月二十九日　太政官職制（太政官布告第三八五号）

明治四年　十一月　七日　大嘗祭告諭書が公布された（太政官布告第第五七三号）

明治四年　十一月　八日　太政大臣三條實美は大嘗祭による恩赦の意向が示された（大久保利通→岩倉具視、岩倉具視→大久保利通書簡）

明治四年　十一月　八日　木戸は、西郷に対し榎本等の恩赦に同意した

明治四年　十一月　九日　太政官正院は、榎本釜次郎等の恩赦決定
明治四年　十一月　十二日　岩倉使節団横浜港出発
明治四年　十一月　十七日　大嘗祭
明治四年　十二月　曽我・増田転補
明治四年　十二月　黒川紀問正任命
明治五年　一月　八日　所置（判決）

すなわち、①三条公は、明治四年七月二十九日太政大臣となったがその頃から榎本等について、「大嘗会ノ大赦ニ於テ有免セシメントノ意見ヲ有シ」さらに「榎本等ノ任用発表ニ関スルコト」を決めていた。②大久保・岩倉の書簡によると、明治四年十一月八日から大久保・西郷は、榎本釜次郎等の恩赦を決定するため太政官正院の開催に動き、③明治四年十一月八日木戸は榎本等の恩赦に同意した。④このような動きのなかで、翌九日太政官正院が開かれ榎本等の恩赦が決定された。

太政官制の改定―大嘗祭告諭書の公布―榎本等の恩赦決定―岩倉使節団出発―大嘗祭

が続き、明治五年一月六日榎本等に対する処置（判決）がなされた。すなわち、太政官正院において、榎本等の恩赦決定されたのは明治四年十一月九日である。疑問は、明治天皇即位に伴う最高の祝典であるにかかわらず、恩赦の公示がなされていないことである。

ガルトネル事件

序　説

蝦夷嶋共和国および箱館府は、明治初期孛国人《プロシア》R・ガルトネルに対し七重村等土地三〇〇万坪を期間九九年で使用・賃貸した。そこでその事実関係を明らかにし、法的諸問題を研究する。

概　要

慶応三年十月十四日大政奉還がなされ、続いて同年十二月九日王政復古により明治政府が成立した。明治元年八月十九日、旧幕府軍となった榎本釜次郎等は、開陽等八艦に二、〇〇〇人余を乗組させ、品川沖を出帆脱走した。銚子沖では、風雨のため美加保・咸臨が破損、残る六艘は仙台東名港に到着した。同年十月九日、仙台出帆においては大江・鳳凰の二艦、大鳥圭介等仙台脱走組一、〇〇〇人余が加わった。同月十八日、蝦夷嶋の鷲ノ木浦に到着、十月二十五日箱館・五稜郭を占拠した。同年十二月十五日、榎本等は蝦夷嶋共和国を創設し、総裁・榎本釜次郎、副総裁・松平太郎、海軍奉行・荒井郁之助、陸軍奉行・大鳥圭介が選出された。

新政府軍は、明治二年五月十一日旧幕府軍に対する総攻撃を開始した。新政府軍は、陸海軍参謀・山田市之丞（長州藩）、陸軍参謀・太田黒亥和太（熊本藩）、陸軍参謀黒田了介（薩摩藩）、海軍参謀・増田虎之助（佐賀藩）、海軍参謀曽我佑準（柳川藩）等が指揮にあたった。

旧幕府軍の重要拠点は、五稜郭陣屋、弁天台場・湯の川・千代ヶ岡陣屋である。新政府軍は、五月十五日弁天台場・湯の川、翌十六日千代ヶ岡陣屋を陥落し、五稜郭に迫った。五月十七日、旧幕府軍は新政府に対し降伏を告知し、新政府軍は承諾した。翌十八日、旧幕府軍首脳榎本釜次郎・松平太郎・荒井郁之助・大鳥圭太郎は降伏し身柄を拘束され東京に護送された。同年六月三十日、東京に到着し、軍務官糺問所辰口揚屋に勾留された。

蝦夷嶋共和国は、明治二年二月十九日プロシア人R・ガルトネルに対し七重村等土地三〇〇万坪を期間九九年で使用・賃貸借（以下「賃貸借」と略記する）した。続いて箱館府は、明治二年六月十六日R・ガルトネルに対し賃貸借を継続した。太政官は、外務省・開拓使に対しその解約を指示し、明治三年十一月九日解約金六万二、五〇〇ドルをもって解約・取戻をなした。

賃貸借契約の締結・解除

旧幕府軍は、明治元年十月二十五日箱館を占拠し、同年十二月十五日蝦夷嶋共和国を樹立した。蝦夷嶋共和国は、R・ガルトネルと明治二年二月十九日「蝦夷地七重村開墾条約書」により賃貸借契約を締結した。

賃貸人	蝦夷嶋共和国（代表者　榎本釜次郎）
賃借人	R・ガルトネル
契約年月日	明治二年二月十九日
賃貸借期間	九十九年

賃貸借場所　渡島国　七重村　飯田村　大川村　中島郷
賃貸借面積　約三〇〇万坪
賃　貸　料　条約書のとおり

渡島国村落は五九村である（開拓使事業報告第一編　一六一頁以下）。

次いで新政府軍は、明治二年五月十一日旧幕府軍の攻撃を開始し、旧幕府軍は同月十八日降伏した。箱館府は、同年六月十六日R・ガルトネルと「地所開拓之為蝦夷政府アル・ガルトネル氏の約定書」により賃貸借契約を締結した。

賃　貸　人　箱館府
賃　借　人　R・ガルトネル
契約年月日　明治二年六月十六日
賃貸期間　定めなし
賃貸借場所・賃貸借面積　同じ

賃　貸　料　　　　　　条約書のとおり

太政官は、明治二年十二月二十七日外務省・開拓使に対しR・ガルトネルから土地取戻しを命じた。開拓使が中心となりR・ガルトネルと交渉し明治三年十一月九日解約がなされた。解約金は、六万二、五〇〇ドルである。

R・ガルトネル

R・ガルトネルは、プロシア人（北ドイツ）の商人で文久三年箱館に来て貿易を営んでいた。弟C・ガルトネルは、慶応元年四月二十九日箱館駐在プロシア国副領事に任命され着任した。C・ガルトネルは、旧幕府、新政府に対しR・ガルトネルをもって箱館、七重等において欧州方式の農業をすすめた。そして、亀田村等でR・ガルトネルによる欧州方式農業が始まり、七重村等における「蝦夷地七重村開墾条約書」に及んだものである。

農業研究者若林功は、R・ガルトネルのもとで開墾作業にあたった藤本二三吉から経験談を聴取した。その状況を昭和二十四年四月「北海道開拓秘録」で明らかにした。

ガルトには、明治元年から足かけ三年使われたよ。あの時ガルトは、五十くらいだろう。私は、ガルトに一番可愛がられ幹部付として主に農具掛を務めた。ガルトは、身の丈五尺六寸位の瘠せで神経質で癇癖があって、ステッキを振り上げて怠者を追い廻すことが度々あったので、そんな連中は悪様に言うたが、根が淡泊な気質である。弟のコンシユルは、肥大であった。

ガルトネルは、頗る大規模な欧州式農場を天領農場と称して経営したのであった。彼は、早くから函館にいた独逸人で一儲けしようと志した人に相違ない。故に当時国内が鼎の沸く如くゴタゴタしていた際に乗じて七重の一里四方を獲得して営利的農業を営んだ。その弁明の為子弟の教育やMusterfarmや、欧羅巴風農業法を拡むる等の美名を翳《かざ》したのであろう事は、土地権利獲得の為にあらゆる手段を尽くしたことから想像が出来る。但し経営は真面目であったが農業技術の専門家ではなかった（之は藤本翁も裏書きして、彼等は素人だったのかで知らぬが、日本人の方が巧いと言ってゐる）としても、欧州式農業の紹介には功績がある。九十九年の借地は大問題であった。

（北海道開拓秘録　二〇頁以下）

R・ガルトネルは経営者であるが、農業専門家ではない。弟・プロシア箱館領事C.ガルトネルがR・ガルトネルをもって七重村開墾を進めたのはプロシアによる土地占拠が目的であったと思われる。

「開拓使事業報告」

「開拓使事業報告」によると賃貸借の経過概要は、以下のとおりである。

明治元年戊辰閏四月函館知府事清水谷公考赴任。七月函館居留孛漏生《プロイセン》国人「R・ガルトネル」七重村開墾ヲ請フ。是ヨリ先「ガルトネル」、箱館奉行杉浦兵庫頭ニ請テ、亀田村民有地五反歩許ヲ借リ試ニ麦ヲ播種シ、今又七重村ノ地ヲ請フ。其意謂ク全島地味肥沃、頗ル樹藝ニテ適スト雖モ、農業未タ振興セサルヲ憾ム。因テ、試ニ一万坪ノ地ヲ開墾シ、各種穀菜ヲ播種シ、以テ農業ノ模範ト為スヲ期スト。因テ之ヲ許ス。既ニシテ、函館府農事拡張ヲ図リ、更ニ議シテ「ガルトネル」ヲ傭ヒ、年俸若干（註・四、〇〇〇ドル）給シ七重村開墾ノ事ヲ任ス。「ガルトネル」即チ、七重村ニ赴キ事業ニ服ス。是歳十一月旧幕府脱走ノ徒函館ヲ襲フ。知府事青森ニ避ク。是ニ於テ、「ガルトネル」書ヲ脱走ノ徒ニ贈リ、旧約ヲ申ル「ヲ請フ。皆其旧約ヲ知サルヲ咎フ。往復論弁遂ニ旧約を破棄シ、二年二月二十九日脱走ノ徒、更ニ七重村三百万坪ノ地ヲ「ガルトネル」ニ貸シ、貸期九十九年ト約ス。約、既ニ成リ、「ガルトネル」七飯ニキ赴キ、境界標ヲ建テ、業ヲ創メ、隣地ヲ侵領シ、良民ヲ凌虐スル「太甚シ。五月官軍脱走ノ徒ヲ討テ、之ヲ平ク。清水谷公考知府事再ヒ任ニ涖ミ、更ニ條約書ヲ製シ、以テ其壇横ヲ制スルモ、其放恣故ノ如シ。

（開拓使事業報告第一編　三四頁以下）

本項では、その事実関係をたどり法的問題を検討するものである。

明治前期の私法

旧幕府時代においては、私法に関する成文法はなく、慣習が尊重された。そして、明治維新から慣習を中心としつつ若干の私法が制定され、欧米の近代法制に接するに及んで統一的な民法典制定に進んだ。

明治前期の慣習法の調査をしている過程で、大蔵省が土地問題についての省令で、それまでの慣習を前提とし、改定をしていることがわかった。明治前期の慣習を分析し、慣習法の成立・廃止を規定したものである。明治前期の基本法というべき法令である。

明治五年八月晦日「各地ノ風習旧慣ヲ私法ト為ス等中禁解禁ノ条件」（大蔵省第一一八号）

従前土地ノ風俗ニ由リ、旧慣ヲ私法トナシ候類間々之有。祖先ノ代々召仕候者ヘ地所ヲ付与致シ候分、其子孫ニ至ル迄家抱抔ト唱ヘ家来同様ノ扱ヒニ致シ、一村ノ者同輩ニ見做サス、或ハ他ヨリ入村スル者ハ水呑ト唱ヘ、是亦同輩ノ交リ不致等類間々有之、人民協和交際ノ道ニ相背キ候間、右等旧習ヲ以家格相立候儀堅ク可令禁止事。

古来荒蕪ノ地ヲ拓キ一村ヲ取立候モノ之ヲ草分ケト号ケ、旧家タルノ故ヲ以テ他人ヲ軽蔑致シ、往々非義ノ挙動致シ候者有之趣、最祖先ノ功績ニ跨、今日ニ至リ他人ヲ凌クヘキノ理無之候間、自今右等ノ唱令禁止暴慢ノ所業致スヘカラサル事

農業ノ傍ラ商業ヲ相営ミ候儀禁止致シ候向モ有之候処、自今勝手タルヘキ事

人民所持地所ノ内、自他ノ都合ニ依リ池沼川溝等ヲ掘割或ハ道路ヲ附替イタシ候節、自今都テ出願ノ上指揮ヲ受ヘキ事

無願ニテ寺社地蔵堂稲荷ノ類創立致シ候儀、従前ノ通禁制タルヘキ事

人民所持ノ耕地畔際ヘ擅ニ遺骸ヲ埋葬致シ候者有之趣、以ノ外ノ事ニ候。自今可為厳禁事

河岸場ノ儀新規相設候儀差止候向モ有之候処、自今願次第吟味ノ上可差許事

不定地年季ヲ定メ割替致シ来候向ハ、向後持主相定可申立事

田畑勝手作ノ儀、既ニ去年辛未八月御差許シ有之儀ニテ、漸々米作ヲ減シ桑茶漆楮土地ニ相応スル物品或ハ牛・馬・羊・豕ノ牧畜等常々心掛、充分物産繁殖ノ方法可相立事。

但追々外国ヨリ草木・禽獣（きんじゅう・鳥や獣）類勧農寮ヘ相集候上、分配試験可致筈ニ付、有志ノ者ハ其筋ヘ可願出事

右条件管轄内無遺漏可相触事

（法令全書　明治五年八月晦日　大蔵省第一一八号）

本令による主な条項は、①これまで土地の「旧慣」を「私法」とした。そして、②これまで「荒蕪ノ地ヲ拓キ一村ヲ取立」た者を「草分」とよんだ。草分は、他人を軽蔑し、道義に反する挙動をし、先祖のことを誇り、他人を凌ぐ行動をしてきたが、かかる所業を禁じた。③農業の傍ら商業を営むことを禁止していたが、今後は自由とする。さらに④これまで池・沼・川・溝等の構築、掘割、道路の建設は自由としたが、今後は許可を受けなければならないとした。本件には、適用されないが参考としたい。

「条約書」

標題は、「蝦夷地七重村開墾条約書」である。しかし、当事者の「蝦夷共和国」、「C.Gaertner. Consul for the north Germann. Confederation（北ドイツ連合領事）R.Gaertner」は、いずれも国家・機関ではない。したがって本書は、「条約」はなく「契約」である。次いで箱館府は、約定書を締結した。しかし、箱館府は日本政府の機関であるが、その権限はない。本約定は無効である。

本件賃貸借契約は、土地三〇〇万坪、期間九九年である。しかし、箱館の外国人居留地範囲は役所から「各方ニ一〇里」と定められ、居住以外の土地利用は認めらない。さらに明治三年十一月十日解約金六万二、五〇〇ドルをもって合意解約した。解約金額の支払は問題であるがやむをえない。

参考資料は、外務省調査部・大日本外交文書、北海道大学北方関係資料および開拓使事業報告である。北海道大学北方関係資料は、開拓使から北海道庁に引き継がれそれが北海道大学に保存されたものである。

これまでガルトネル事件の研究報告は、三代にわかれる。初代は、昭和初期「牧野信之助・所謂ガルトネル事件の展望」(昭和九年)、「丸山国雄・北海道七重村開墾条約始末」(昭和十年)である。第二代は、「村重慶一・ガルトネル租借事件」(昭和五十六年)である。第三代は、「水野敦史・幕末維新期の蝦夷地・箱館と外国人」(平成十七年)、「田辺安一・ブナの林が語り伝えること」(平成二十二年)である。法的研究は、村重慶一弁護士(札幌・東京地方裁判所総括判事、松山地方裁判所長。「家族法」等著書・論文多数)、水野敦史研究員である。私は、第三代の一員として「明治期における北海道の司法」を課題として研究を進めるものである。

第一章　蝦夷地七重村開墾条約書

開墾条約書

蝦夷嶋共和国（代表者　榎本釜次郎）は、明治二年二月十九日R・ガルトネルと「蝦夷地七重村開墾条約書」のとおり賃貸借契約を締結した。全文をここに記述する。概要は、序説において記述したとおりである。

蝦夷地七重村開墾条約書

第一条

一　ガルトネル氏、欧羅巴風に習ひ農業法を弘めんとするを以って、有志の輩十二名及び農夫五十名を撰し、彼等をして三ヵ年の間農業法を教授すべき事

二　欧羅巴農業法を速に広く国内に知せんため、右十二名幷に農夫五十名を三ヵ年毎に引替可申事

三　ガルトネル氏は右農夫五十名えは、相当の之住居を与ふへし。併し食料を給せす其業の軽重に随ひ相当の給料を宛行へき事

四　生徒十二名はガルトネル氏より同様住居せしめ、食料宛行候事

五　生徒十二名之内にて、若し業術教授覚不得者有時は、ガルトネル氏より此人を引替候事

第二条

此一条に付いてはガルトネ

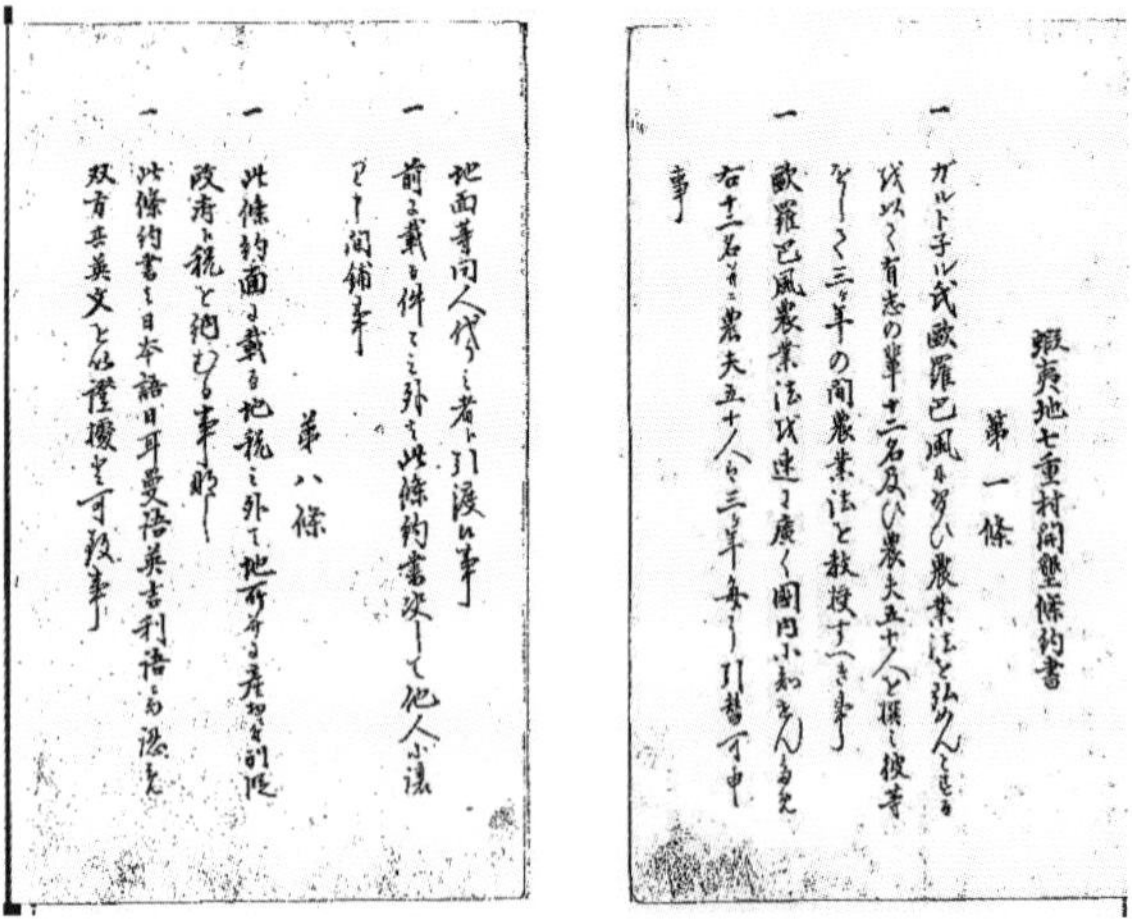
蝦夷地七重村開墾條約書

第一條

一　ガルトネル氏欧羅巴風ニ習ひ農業法を弘めんとするに依て以て有志の輩十二名及び農夫五十人を撰ミ彼等をして三ヶ年の間農業法を教授すへき事

一　欧羅巴風農業法を速ニ広く国内に知らしめんかため右十二名并ニ農夫五十人は三ヶ年毎ニ引替可申事

一　地面等同人ニ残りし者ニ引渡ス事

一　前ニ載る件之外ニ此條約書ニ没して他人ニ譲り可申間舗事

第八條

一　此條約面ニ載る地税之外ニ地所ニ寄る産物を引渡政府ニ税を納むる事なし

一　此條約書ハ日本語日耳曼語英吉利語ニ而認メ双方共英文を以証拠ニ可致事

蝦夷地七重村開墾条約書
（北海道大学附属図書館所蔵）

ル氏、七重並びに近傍の荒野三百万坪蝦夷政府より九十九ヵ年限り借請け、此地面は不残定杭を立堺致すべし。此条約決定致せし上は、貸渡候地面中に出来せし建物産物惣て諸品は、日本政府の附属品同様たるべし。右惣ての附属品は、此期年即ち九十九年は、ガルトネル氏或は蹟続のものえ貸置、九十九ヵ年後に至りては、此附属品且地面等取戻すに償ふ事なくして政府の有となるへき事

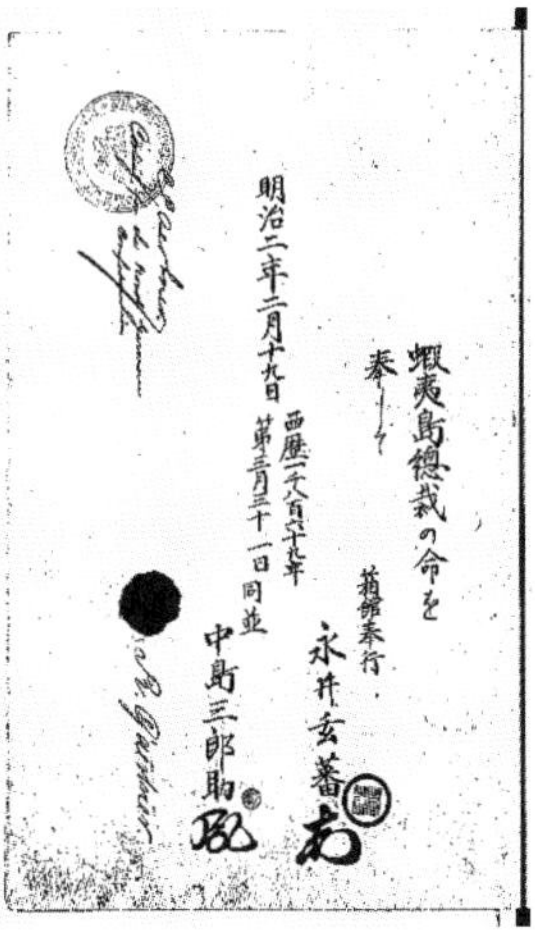
蝦夷島總裁の命を
奉して
箱館奉行 永井玄蕃
明治二年三月十九日 西暦一千八百六十九年第三月三十一日
同並 中島三郎助

第三条

ガルトネル氏、開業前家屋・器械・農具・牛馬・諸種下水・植物等諸入用品の為元金を出すへし。此入費並に植物荊棘を伐払ひ道路を開き、木石を集め種植の畑を

造る所、惣て開発之入費の積りは当人の意に任せ置くへし。最初ガルトネル氏、此開発入費五万弗と告られたるを以て、日々の失費帳を政府に見せ、毎年費す所の高少なくも其十分の一たるへきを政府に証すへし。若此初年中ガルトネル氏費す所の高、前に載る所の高さに満たされる時は、此条約書は廃失されるものとして、諸物其価を払はすして、政府に取戻可申事

第四条

一 政府においてガルトネル氏は、洋暦一千八百六十九年第七月一日より十カ年間無税にて三百万坪を貸渡可申事。但初め十カ年間無税なれは、費す所の元金はその間に取戻し得て、且利益あるへき事明かなり

二 十一年目より三十五カ年目迄、ガルトネル氏政府え一段歩に付一カ年金二朱宛出税致候事

三 三十六年目より六十五カ年目迄、ガルトネル氏政府え一段歩に付一カ年銀壱分宛出税致候事

四 六十六年目より九十九カ年目迄、一段歩に付一カ年銀貳分宛出税致候事

五　十一年後出税の勘定は、西洋七月第一日に納可申事。其為、開墾出来可致場所は、見分の上坪数を量り、地図を支立置へし。尤開発出来かたき山谷・河流及び公けの道路は、三百万坪の外たりへき事

六　かく定めたる地所は、縦令開発致さすとも必ず其税差出可申事

七　ガルトネル氏え貸渡候地面は、少なくとも五ヵ年試みを為ざるを以て、政府に於いて十五ヵ年前此地面を取戻すことなかるへし。其後政府において、貸渡候地面を取戻すには左の件々に従ふへし

八　十五ヵ年目に政府に於いて、此地面を取戻さんと思はゝ、開業入費不残即、其時迄費したる元金並に五ヵ年分の地税及び礼金として元金高の一割を払可申事

九　第二度目即ち二十五年目に政府に於いて、此地面を取戻す時は、開業に付夫迄費したる元金不残払可申事

十　其後取戻す法、左の如し

十一　三十五年目に此地面を取戻には、其時まで費したる開業入費十分の七を払可申事

十二　四十五年目に此地面を取戻には、開業入費十分の六を払可申事

十三　五十五年目に此地面を取戻には、開業入費十分の五を払可申事

十四　六十五年目に此地面を取戻には、開業入費十分の四を払可申事

十五　七十五年目に此地面を取戻には、開業入費十分の三を払可申事

十六　八十五年目に此地面を取戻には、開業入費十分のニを払可申事

十七　九十五年目に此地面を取戻には、開業入費十分の一を払可申事

十八　百年目の初日に至れば、貸渡せし地面中に出来せる諸品物及び地面共ガルトネル氏え入費等不払して、政府え取戻す事業より出来致し候事

十九　右地面取戻さんとする節は、其事を期年の前年に知らすべき事

第五条

一　ガルトネル氏に政府より此農業の外、同氏え開拓の事に付相願い度一儀出来候は丶、同人其儀を己れか職とし相勤可申。乍然右様之節（多少彼か職業に係たる事）、同人え自由を与へ懇切に取扱可申事

二　政府に於いては、ガルトネル氏を農業に達せし者と思ふか故に農業法を託し、以て此地を開拓せしむ。且政府に於いては、ガルトネル氏の力に依って此蝦夷全島を利せんことを欲するを以て、同氏此一条に付多く利益を得ん事を望む

三　政府としてガルトネル氏え惣て委任し、生徒十二名を召遣とも、又否さるも同氏の意にあるへし

四　ガルトネル氏、日本の農夫を召抱候儀は、一は政府殖民のため、一は欧羅巴人を召遣ふよりも安直にして、同氏の為たるを以てなり

第六条

一　若ガルトネル氏、此開拓に付同氏助力のため欧羅巴人を召抱候節は、必すプロイス人員に極しるへし。其訳は農業に付、訴へ事ある時、容易に事を決する為なり

二　ガルトネル氏、日本人を召抱える時は、相対にて約束致し候事。但其事に付、政府において諸面倒を省くべし

三　若ガルトネル氏、日本商人を要する節は、政府に於いて其商人を斡旋すべし

第七条

一　ガルトネル氏、此開業に付条約相定まり上は、何事に限らす同人手を引候事態はさるへし。若左様之儀有之時は、地面並に附属の物尽く、政府に於いて償ひなく取戻

可申事

二　ガルトネル氏、病気か或は不慮の災害ありて農業をなすあたわさる時は、プロイスコンシエールより同人代わり之者を差出候事。若六カ月相立候而、其代出来不致時は、諸物政府に取戻すへし

三　六カ月間にプロイス岡士の紹介により、其代りの者出来せは、政府役人及岡士立会之上出来せし品物並地面等同人代わり之者え引渡候事

四　前に載る件々之外は、此条約書決して他人に譲り申間鋪事

第八条

一　此条約面に載る地税之外は、地所並に産物に付、別段政府え納むる事なし

二　此条約書を日本語・日耳曼語・英吉利語に而認め、双方共英文を以証拠と可致事

明治二年二月十九日　　西暦一千八百六十九年

第三月三十一日

蝦夷嶋総裁の命を奉して

遂一覧候

箱館奉行　永井玄蕃　花押
同　並　中島三郎助　花押

C.Gaertner.
Consul for the north Germann. Confederation
（北ドイツ連合領事）
R.Gaertner.

蝦夷嶋総裁　榎本釜次郎　花押
（花押・北夷島総督）

（北海道大学北方関係資料総合目録　請求記号　道資料148―16）
（大日本外交文書第二巻　第一冊　三一六頁以下）
（日独文化協会　日独交通資料第一輯―北海道七重村開墾条約締結始末―）
（新撰北海道史　第六巻史料二）

条解開墾条約書

明治二年二月十九日、「箱館奉行永井玄蕃同並中島三郎助　蝦夷嶋総裁榎本釜次郎」と「C.Gaertner. Consul for the north Germann. Confederation（北ドイツ連合領事）」「R.Gaertner.」間において「蝦夷地七重村開墾条約書」が締結された。しかし「条約」は国家間の合意であり、本書は「条約」ではなく「契約」である。

すなわち、賃貸人「蝦夷共和国」は、政府機関でなく旧幕府軍として箱館を占拠した違法集団である。したがって、七重村等土地に対し所有権等なんらの権限を有するものではない。又賃借人は、「C.Gaertner. Consul for the north Germann. Confederation」（北ドイツ連合領事C・ガルトネル）、「R.Gaertner（.R・ガルトネル）」と記載されている。C・ガルトネルはR・ガルトネルの弟である。本件の賃借人は「R・ガルトネル」である。すなわち、弟C・ガルトネルの肩書を使用し「条約形式」としたものである。

蝦夷地七重村開墾条約書の対象地は、七重村を中心として飯田・大川村、中島郷にわたる三〇〇万坪（一、〇〇〇町歩）、賃貸期間九九年である。この地区には住家、耕地、林野があり住民にとっては、重大な問題である。R・ガルトネルは、明治政府と旧幕府間の箱館戦争による混乱を利用し、蝦夷共和国（旧幕府軍）と「契約」を締結したものである。しかし蝦夷共和国は、政府機関ではなく本件土地に関し何等の権限がないものであるから賃貸借契約は成立しない。

賃貸借契約の内容は、面積三〇〇万坪、期間九九年とされ極めて異常な内容である。すなわち「蝦夷地七重村開墾条約書」は、プロイセンの植民地化を進めるものである。太政官は、その植民地化をおそれ、外務省・開拓使に解約を命じ明治三年十二月九日R・ガルトネルと解約した。そして「解約金」として六二、五〇〇ドルの支払いをなした。すなわち、「蝦夷地七重村開墾条約書」とあるが「条約」ではなく、さらに「解約」は法的解約ではなくR・ガルトネルが開墾行為から退去することを確認されたものである。「植民地化」を防止するための資金提供である。

蝦夷地七重村開墾条約書の内容について、逐条的に検討を進める。

第一条（目的）

本条の目的は、蝦夷嶋にヨーロッパ農法を広めるため、R・ガルトネルに対し農地の貸し付けを進めたものと規定する。しかし、面積三〇〇万坪、期間九十九年とするものであって、形式は賃貸借契約であるが実体は所有権の譲渡である。植民地化を進めるものである。

R・ガルトネルは、有志（生徒）一二名と農夫五〇名を選びヨーロッパ農法を指導する。指導期間は、三年とする。R・ガルトネルの農業指導に関し、第五条第二項においては、「政府に於いては、ガルトネル氏を農業に達せし者と思ふか故に農業法を託し、以て此地を開拓せしむ。且政府に於いては、ガルトネル氏の力に依って此蝦夷全島を利せんことを欲するを以て、同氏此一条に付多く利益を得ん事を望む。」と定めた。

七重農場で働いた藤本二三吉は、①R・ガルトネルは、農業技術の専門家ではなく、雇われた日本人の方が上である。但経営は真面目である。そして、②R・ガルトネルは、期間九九年とする賃貸借契約であり大問題であったと評価する（北海道開拓秘録）。

第二条（賃貸借条項）

R・ガルトネル賃借の土地は、七重、飯田、大川、中島の土地である。賃借にかかる土地は三〇〇万坪、賃借期間は九九年間であるが、定杭を建て境界を定めるものとした。さらに本件土地には農地開墾に使用するための物件置場が建築され、開墾用具が保管される。それらの物件は、「日本政府の付属品」と取り扱う。そして九九年経過した場合は、物件置場・開墾用具は政府の所有とするものである。賃貸期間九九年は永久であり、事実上所有権の譲渡である。

本件約条において、R・ガルトネルに対し三〇〇万坪という広大な農地・山林・住居地を貸与した。そしてR・ガルトネルは、貸借地に対し境界標の建設を進め、住民の農地・山林・住居地に対し大きな障害をあたえることとなった。

外国人に対する賃貸期間が九九年という長期間であり、さらに賃借地の境界を明確にすることは、賃借の目的が植民地であったことが明確である。

第三条（開拓に要する費用負担）

家屋建設、農具・牛馬購入費等農地開拓に要する諸費用は、R・ガルトネルの負担とする。開発に要する費用は、当初五万ドル（日本円五万円）と見積った。

第四条（賃料等負担等）

本件は、一〇年間は賃料なしとするもので使用貸借契約である。一一年目から賃料が定められ賃貸借契約である。賃料は、一一年目から三五カ年は一段歩に付一カ年金二朱、三六年から六五カ年は銀一分、六六年から九九年までは銀二分である。しかしその算定根拠が明確でない。

政府は、一五年間本件契約を解除することはできない（第七項）。その後解除する場合は、第八項乃至一八項の定めによる。

わが国が解除をする場合は、R・ガルトネルに対しその前年告知する（第一九項）。

第五条（開拓に関する条項）
第一項　政府は、R・ガルトネルから本件土地以外の開拓のことに関し願い出があった場合は「懇切」に対応する。
第二項　政府は、R・ガルトネルに対し農業法を託しこの土地を開拓させる。そしてR・ガルトネルから、蝦夷地全島につき開拓する利用申し出があった場合は、利益を付与するものとする。
第三・四項　R・ガルトネは、開拓にあたり外国・日本人を雇用するが、政府は総てまかせる。
本条は、第一条を補強するものである。すなわち、基本的には、本条約による開拓につきR・ガルトネルの申し出があった場合は、懇切に対応し蝦夷地全島についても利用を認めるものである。蝦夷地全島の植民地化を進めるものである。
第六条（開拓要員に関する条項）
R・ガルトネルが本件開拓につきヨーロッパ人を雇用する場合は、プロシア人のみとし、訴の提起があった場合政府はR・ガルトネルに協力する。日本人を雇用し、争いがあった場合も同様である。政府は、日本人の開拓要員・商人を斡旋するものとする。

第七条（ガルトネルの病気等についての措置）

第一項　R・ガルトネルは、本条約を遵守すべく、違反した場合は政府において本件土地およびその他の物件を取り戻すものとする。

第二項　R・ガルトネルが「病気か或は不慮の災害ありて農業をなすあたわさる時は」プロイセンから要員を入国させ、引き渡す。若し六カ月以内にそれができないときは、本件土地等を日本政府に返還する。

第三項　六カ月以内にプロイセン領事から照会があった場合はそれによるものとする。

第四項　政府・R・ガルトネルは、本件に基づく権限を他に譲渡してはならない。

第八条（賃料関連条項）

R・ガルトネルは、本条約に定めるほか一切の税等を納める必要はない。本契約書は、日本語・日耳曼語・英吉利語により、英文を証拠とする。

「遂一覧候」は、榎本釜次郎が蝦夷嶋総裁として裁可したものである。

土地添付図

北海道大学北方関係資料として、「蝦夷地七重村開墾条約書」等関係書類が保存されている。しかし本条約書にある「七重村ガルトネル貸地」には、測図・地図は記載されていない。そこで、北海道大学附属図書館北方関係資料等を調査し、さらに北海道立図書館北方資料室の協力を受け調査を進めたが確認できなかった。

牧野信之助は、「所謂ガルトネル事件の展望」(昭和十年十二月「社会経済史学」第五巻第九号別冊)において地図に関し以下のとおり記述する。

アル・ガルトネル租借地七重三百万坪と称されるものは、その区劃を、正確なる地図に表はせるものは今日迄には見付らないのであるが、明治二年六月同地方名主等裁判所宛嘆願書に、七重村、飯田卿、大川村、中島卿を列記しているものによって、大凡以上四ヶ卿村を包括せる地域を指し、七重がその中枢をなしていることが了解される。別に栗本敬庵の七重村薬園には「七重村、東大川村、西峠下村、北藤山超、南久根別川、二里四方」と記しているものがあって、大体の包括区域に該当一致しているもののようである。但し、ガルトネル約定書に附載せられた「七重村ガルトネル貸地」と附箋のついている測量表は地名の手がかりを列記していないのが遺憾であるが、右個所測量の結果として、四区画に分ち、それぞれ固有百姓持地を除きて

一、一二〇、八三〇坪一八八
二九六、五八五坪九六二
七三一、八八一坪三六五
九一七、四五一坪七二五
計　三、〇六六、七四九坪二四〇

の数字示し、三百万坪と概計せるものに該当している。

七飯村、飯田村、大川村および中島郷の関係図は、本書口絵二頁に収録の「明治七年函館支庁管轄地略図」のとおりである。図表は、以下のとおりである。

七重村

六百九十七間

此角莚間四千二百六十二間　但角図百間一寸割

此坪数百十三万五千二百九十坪二分五厘

千三百四十間

内

千三百四十間

一萬四千四百六十坪六厘二毛　百姓三平持除之

残百十二万八百三十坪一分八厘八毛

八百八十五間

飯田村

六百九十三間

千三百四十間

此角莚間四千二百五十五間

此坪数百十三万千五百六十四坪六分二厘五毛

内

七十五万五千五百九十五坪六分　七重村役場除之

七万九千三百八十三坪六厘三毛　孫助外三人持地除之

小以　八十三万四千九百七十八坪六分六厘六毛

千三百四十間

残二十九万六千五百八十五坪九分六厘二毛

八百八十二間

大川村

千二百七十間

五百九十二間

此角莚間三千七百三十間

此坪数八十六万九千五百五十六坪二分五和厘

内

十三万七千六百七十四坪八分八厘五毛

是ハ宮寺　百姓一五軒持地除之

残七十三万千八百八十一坪三分六厘五毛

五百九十二間

千二百七十三間

七百九十一間

此角莚間四千百二十八間

此坪数百六万五千二十四坪

千二百七十三間　内　千二百七十三間

十四万七千五百七十二坪二分七厘五毛

名主福蔵外十三人百姓持地除之

残**九十一万七千四百五十一坪七分二厘五毛**

七百九十一間

七重村等四村は、住宅一〇〇戸があり、住民八〇〇人が農業・林業を営んでいた（七飯町史 一九八頁）。そして、同地にガルトネルにより「定杭」を建てられた。これは農家の土地使用を妨害するものである。すなわち、「ガルト子ル七重ニ趣キ境界標ヲ建テ業ヲ創メ隣地ヲ浸領シ良民ヲ凌駕スル「太甚シ」（開拓使事業報告第一編 三五頁）とされた。

開墾条約書の法的諸問題

本件開墾条約の効力

プロシア人の日本国領土利用については、日本国普魯士国修好通商条約（萬延元年十二月十四日）および日本国独逸北部連邦修好通商航海条約（明治二年正月十日）において定められた。

日本国普魯士国修好通商条約

第三条　神奈川長崎箱館の港及ひ町は此条約施行の日より孛漏生臣民交易の為開くべし。前条の港及ひ町に於いて、孛漏生臣民居住する事を許すべし。其者等、地所を賃を以て借り又其地にある建物を買う事を得。…
孛漏生国の臣民、居住すべき為得る処の場所、建物及ひ港々の規則は、其所々の日本役人と孛漏生コンシュルにて定むへし。…○日本にては、漏生国の臣民住すべき場所の周囲には門墻を設けず、自由の出入れを妨くへからず。○日本開港の場所に於いて、孛漏生人遊歩の規定左の如し。

神奈川　六郷川を限とし其外は各方へ十里
箱館　各方へ十里
都て里数は港港の奉行所又は御用所より陸路の程度なり。…

（法規分類大全二二外交門（一）四一七頁以下）

すなわち、居留地は神奈川・箱館・長崎に限り、箱館における居留地・遊歩範囲は箱館奉行所より各方へ一〇里である。

日本国独逸北部連邦修好通商航海条約

第三条　独逸臣民の住すへき場所並びにその建物を建てへき場所は、独逸国コンシュル史人、その地にある相当の日本史人と相談の上これを定へし。
日本人は、独逸人民住すへき場所の周囲に牖壁《ようへき》或は柵門を設けす、其他自由の出入れを妨くへき囲ひを営まさるへし。
独逸国の臣民無故障有歩すへき境界は左の如し。
箱館新潟に於ては諸方へ十里とす。

（法規分類大全二二外交門（一）四五七頁以下）

プロシア・ドイツ人の居住範囲は、箱館は役所から一〇里の範囲である。

すなわち、「日本国普魯士国修好通商条約」、「日本国独逸北部連邦修好通商航海条約」

においては、箱館における居住地は役所から一〇里の範囲である。居住以外の土地利用は認められない。したがって、「蝦夷地七重村開墾条約書」、「地所開拓之為蝦夷政府アル・ガルトネル氏の約定書」は、本条約に反するものである。

ガルトネル租借事件

「租借地」とは、ある国が条約で一定期間、他国に貸した土地である。租借期間中は、貸した国には潜在的な主権を有し、実質的な統治権は借りた国がもつ。しかし、本件の貸主は、「蝦夷共和国」とあるが「日本国」でもなく、その機関でもない。前記のとおり違法機関である。又借主は、R・ガルトネルであり一私人である。「副領事C・ガルトネル」の署名がなされているがR・ガルトネルの弟として列記したものである。プロシア国の代表権者として記載されたものではない。

本件は、「ガルトネル租借事件」とも呼ばれている。しかし、日本国とプロシア間の「蝦夷地七重村開墾条約書」ではないので「租借地」ではない。

交戦団体

旧幕府軍は、日本政府と対立し、旧幕府軍は蝦夷地を支配した。蝦夷地には、アメリカ、イギリス、フランス、プロシア人等が居住し、又領事機関が置かれた。さらに箱館港は、外国艦船が碇泊・利用し、貿易等がなされていた。

「交戦団体」とは、内戦において既存の国内政府と対立して一部の地域に対する支配を確立し、既存の国内政府又は外国政府から承認を受けた反乱団体である。

旧幕府軍が蝦夷地を占拠したことが国内に伝わると、各国代表は旧幕府軍に対する措置につき協議を開始した。会議は、三対三に分かれ決定をみなかった。イギリス、フランスは、旧幕府軍に対し交戦団体権を認めない立場で箱館に軍艦を派遣した。しかし各艦長は箱館において、旧幕府軍に対し「我々は、この国内問題に関しては、厳正中立の立場をとる。」、「交戦団体としての特権は認めない。」、「事実上の政権 Authoritices De Facto としては認定する。」とする覚書を交付した。榎本に好意をもつ艦長は、本国の意向を無視して覚書を作成したものである。この報告を受けたイギリス、フランス公使は、旧幕府に交戦団体として認めない旨の覚書を送り、態度を明らかにした。結局、旧幕府軍は国際法上交戦団体とは認められなかった。

第二章　地所開拓之為蝦夷政府アル・ガルトネル氏の約定書

開拓約定書

旧幕府軍榎本釜次郎等は、明治二年五月十八日政府軍に降伏した。R・ガルトネルは、箱館府に対し蝦夷嶋共和国との「蝦夷地七重村開墾条約書」の継続を求め約定がなされた。全文をここに記述する。概要は、序説において記述したとおりである。

地所開拓之為蝦夷政府アル・ガルトネル氏ノ約定書

アル・ガルトネル氏ノ願ニ依リ、蝦夷島畑地取開カンタメ北日耳曼（北ゲルマン）国岡士シ・

ガルトネル出合、アル・ガルトネル氏並日本政府左之約定書ニ名判ス

第一条

蝦夷島七重村近隣ニ於テ坪数約三百万坪ノ地所、是ヲ名付ケテ「ドシニコ、アウキユステン、フエルデ」(「天領畑地」)ト云ヒ、蝦夷政府ガルトネル氏ニ托與シ、此証書名判(姓名ト印判)ヨリ十ヶ年間無税ニテ開拓セシム。右十ヶ年ノ後、同氏後ニ記載スル趣意ヲ以テ、其地所ヲ保有(所有を含むか解釈がわかれる)スルヲ許ス。因テ、此約定ヲ取結ヒテ、次ノ条件ニ掲載ス如ク、日本国法度(法令)掟則(おきて・村落社会のおきて)ニ従フヘシ

第二条

第十一ヶ年目、即西暦一千八百七十九年ヲ始メ、引続キ十五ヶ年ノ間、農業託シタル地所三百坪ニ付カルトネル氏地税金壱分、農業施サル地所参百坪ニ付金二朱ノ割ニテ年々相払ヒ、此年限ノ後即一千八百九十四年第七月一日ヨリ右地税ノ一倍ヲ拂フヘシ

第三条

訴訟争論ハ裁判所ニ訴出フヘシ

第四条
前件ノ地所、政府入用アリテ取返ストキハ、舊ト地所ノ入費政府ニテ払ヘシ
第五条
此後何時ニテモ、ガルトネル氏退去セント請フ時ハ、農業取続ノ為ノ右代リノ者ノ撰ヲ要ス
第六条
ガルトネル氏、此条約ヲ違背スルトキハ、政府其地所ヲ取返スヘシ
第七条
地税ハ第七月一日毎ニ払フヘシ
第八条
此約定ハ今年第七月一日ヨリ始メ執行フヘシ

蝦夷島開拓人員ノ掟則

第　一條

農民各々、其土地ノ流水ヲ用ルヲ許スト雖モ、之ヲ其隣民ト争フヘカラス

第　二條

政府及ヒ隣民ニ告スシテ、決テ経界ノ標柱ヲ移スヘカラス

第　三條

近隣ノ土人ニ懇親アルヘシ

第　四條

村邑ノ掟則ヲ守ル可シ

第　五條

家ニ火付ケ収納物ヲ盗ミ、其外違犯ノ輩アラハ村長ニ出訴ス可シ

第　六條

火ノ用心肝要タル可シ

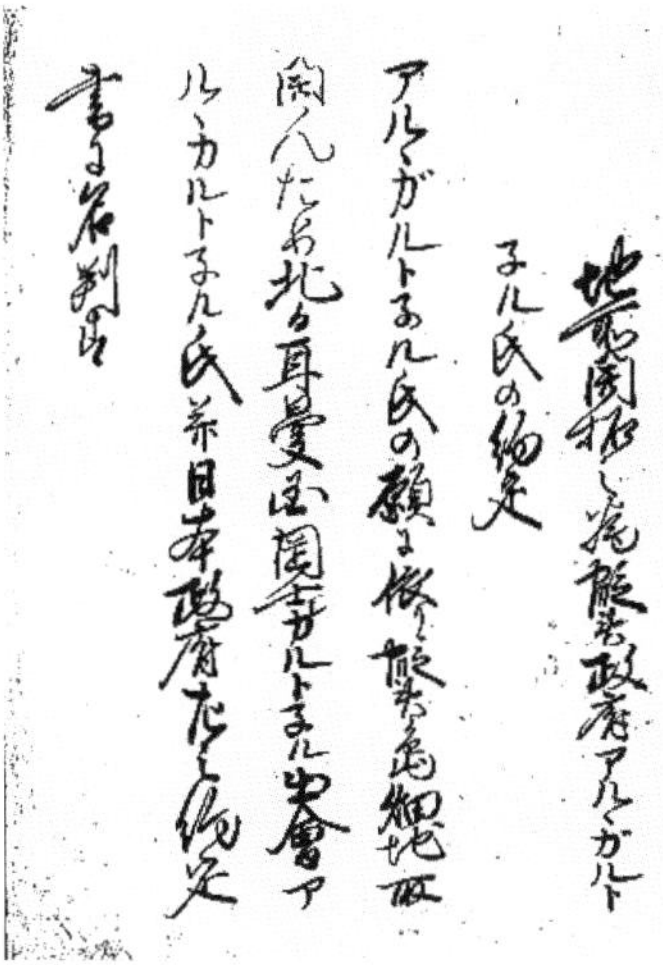

地所開拓之為蝦夷政府
アル・ガルトネル氏の約定書
(北海道大学附属図書館所蔵)

第　七條

退去・疾病或ハ死亡アリテ、代リノ者ヲ立テルトキハ裁判所ニ訴フヘシ

第　八條

農業ニ就キ家族ヲ増ス時ハ、裁判所ニ訴出ヘシ

第　九條

死亡ハ全同断、婚姻期モ同様タルヘシ

第　十條

蝦夷地旅行ノ折ハ、今ヨリ五十年ノ間、通行手形アルヲ要ス

第十一條

新ニ造営スル時ハ、裁判所ニ訴フヘシ

第十二條

村邑ノ法度掟則ニ従ヒ、又雇入ノ家族員数ニ応シ農民各々其身分上保全ノ為之名判ヲ記シ置クヘシ

第十三條

期限ニ至ラハ、詰払遅延スヘカラス

第十四條
土地ノ広狭ニ保ラハ、裁判所ニ訴ナク売買スヘカラス
第十五條
開拓ノ地所、総テ塀溝或ハ水ヲ以テ分堺スヘシ
第十六條
農民己カ望ニ応シ、工夫ヲ雇入レ、常別ノ下貨銭ニ多少ナク相払フ事勝手タルヘシ
第十七條
農民所持ノ地所ニ於テハ、其意ニ随ヒ諸事執行フモ苦カラス。境外ニ於テハ、石木或ハ細少ノ物権タリトモ其地主ニ相談ナク運フヘカラス
第十八條
裁判所ヨリ出タル觸達ハ、農民必ラシ心得アルヘシ
第十九條
前件ノ掟則ニ違背ス輩ハ、裁判所ニテ吟味ヲ遂クヘシ
第二十條
争論又ハ難事アリテ、裁判所ニモ訴状不平ナク決断ス能ハサル時ハ、外国農民ハ日本ニ在

ル其国々ノ岡士ニ訴出シ、或ハ仲人ノ談判ヲ経テ訴状ヲ決定スヘシ。

明治二巳年六月十六日

清水谷　侍従　花印

南　貞助　花印

（北海道大学北方関係資料総合目録　請求記号　道資料148—15レコードID　0A0316000000000000）

（大日本外交文書第二巻第二冊　九六頁以下）

（国立公文書館デジタルアーカイブ【請求番号】太00059100【開始コマ】0267）

（新撰北海道史　第六巻史料二）

北海道大学北方関係資料室所蔵の「地所開拓之為蝦夷政府アル・ガルトネル氏の約定」は、国立公文書館所蔵文書と内容は同じであるが作成年月日、署名者が異なる。

一千八百六十九年七月廿四日於函館

北日耳曼国岡士

R・ガルトネル　名判

C・ガルトネル　名判

（国立公文書館デジタルアーカイブ【請求番号】太00059100【開始コマ】0267―No.18）

条解　約定書

「地所開拓之為蝦夷政府アル・ガルトネル氏の約定書」の条解を進める。

第一条（目的）

「蝦夷島七重村近隣における坪数約三百万坪土地は、「ドシニコ、アウキユステン、フエルデ」（「天領畑地」）と名付けられた。蝦夷政府は、ガルトネルに対しこの証書をもって十年間使用貸借をなす。十年を経過した場合は、ガルトネルに対し本件土地の保有（所有を含むか否か解釈がわかれる。）を認める。その約定は、日本国法度（法令）、掟則（おきて）に従うとするものである。

すなわち箱館府は、R・ガルトネルに対し「天領畑地」とし、十年間開拓を目的として使用させた。「天領」とは、江戸時代における江戸幕府の直轄領のことである。そして、十年を経過した場合は、法令に従い所有・賃貸借・使用貸借を認めるものである。

第二条（地代）

蝦夷共和国とR・ガルトネル間の賃貸借契約について、蝦夷共和国の地位を箱館府が承継した。これにより地代の変更が確認された。箱館府

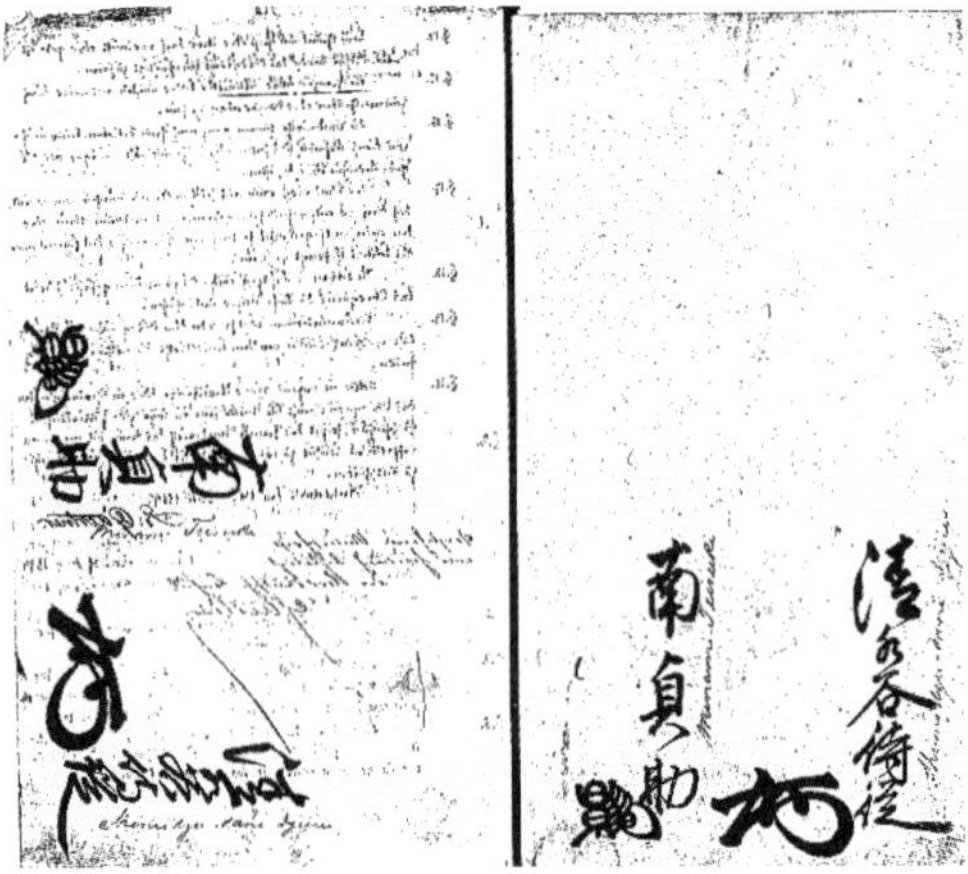

地所開拓之為蝦夷政府
アル・ガルトネル氏の約定

は、国の立場から賃貸料を「税」と称した。「壱分」「金二朱」は、貨幣価値である。

第三条（紛争機関）

R・ガルトネルとの関係における紛争機関は、裁判所（開拓使）とする。

第四条（政府の土地取戻）

政府は、R・ガルトネルから土地を取り戻すことができる。費用は、政府の負担とする。

第五条（返還）

R・ガルトネルは何時にても土地の返還ができる。その場合、代わりの者の選定が必要である。

第六条（政府の解約）

R・ガルチネルが本件条約に違反する場合は、政府は土地を取返すもとする。

第七条（賃料納期）

賃貸料の納期は、毎年七月一日とする。

第八条（施行日）

本約定は、七月一日を施行日とする。

蝦夷島開拓人員ノ掟則

本約定に関し「掟則」が定められた。R・ガルトネルと住民の紛争を防止等するための措置を定めたものである。

第一条流水の利用、第二条境界の標柱、第四条村邑の掟則遵守、第五条盗等被害の訴、第七条住人の退去手続、第八条農業のため家族を増加させる場合、第九条死亡・婚姻の届け出、第一〇条蝦夷地旅行、第一一条新造営、第一二条村邑の法度掟則、第一三条支払期限)、第一四条土地の広狭、第一五条地所分堺、第一六条労賃、第一七条地所、第一八条裁判所通知、第一九条裁判所吟味、第二〇条論争・難事の措置

約定書における法的諸問題

箱館府知事の約定書締結権

明治元年閏四月二十一日、政体（太政官布告第三三一号）が布告され、地方組織として「府」・「府知事」が置かれた。府知事の権限は、「掌繁育人民富殖生産敦教化収租税督賦役知實刑兼監府兵」である。清水谷公考は、明治元年閏四月二十四日箱館府知事が任命された。そして、役人南貞助とともに明治二年六月十六日本約定を締結した。しかし、その権限がない。

外務省は、箱館府知事清水谷公考・箱館府外国掛南貞助に対し、R・ガルトネルに対する七重村賃貸の理由を記載した始末書の提出を求めた。

箱館府知事清水谷は、外国掛南貞助がすべてその約定をなしたという。又外国掛南貞助は、本約条にあたり箱館府知事清水谷、外務省、太政官関係者の承諾を受けたというものである。

清水谷公考の意見書

公考議去歳箱館表勤役中同所近傍七重村ヲ孛国商人R・ガルトネルヘ年限貸渡ノ条約取結候趣、右ハ不容易次第如何ノ心得ニ候哉、形容ノ始末ヲ以早々可申上旨恐入奉畏候、右ハ旧幕執政中孛国岡士兄ガルトネル儀、兼々開発ニ志有之先奉行杉浦兵庫頭ヘ及噂候由ニ付、同人ヨリ農具幷種類等及注文夫々取寄、既ニ開発可取掛哉ノ所、引継ニ相成候ニ付則七重村ニテ七万坪開発申付、然ル処賊襲来ノ後榎本釜次郎ヨリ三百万坪貸渡候儀ニ付、恢復早速取調取揚候乍去□早長々開発取掛居候儀ニ付、改テ三百万坪、尤地所入用ノ節ハ何時ニテモ返地ノ筈ノ条約取結貸渡候。但此一挙ハ南貞助万事引請取扱仕候儀ニテ同人儀彼地ヨリ東京ヘ罷出候節、委細申上候筈ニ儀座候。何分同人御下問被為在候ヘハ判然可仕候間何卒御調ノ程相願候、御尋ニ付此段書取ヲ以申上候。明治三年二月六日

山口藩士南貞助の意見書

山口藩公用人宍戸直記届

当藩南貞助儀去歳箱館表勤役中同所近傍七重村孛国商人ヘ年限中貸渡ノ条約取結候趣ニ相聞候付テハ、右始末書ヲ以可申出段先般御沙汰ノ旨奉畏別紙ノ通申出此段御届申上候。明治三年三月十二日

御尋ノ趣ニ付奉申上候事

私儀去歳箱館表勤役中同所近傍七重村孛国商人R・ガルトネルヘ貸渡ノ条約取結候趣、相

聞キ、右ハ不容易次第仍テハ形行ノ始末書取リ以早々可申上旨今般太政官ヨリ御沙汰有之候、御奉書謹奉拝見候、右ハ私去歳在勤ノ節七重村開墾条約ニ有之候通、箱館近傍七重村ノ中十町四方開墾ノ為、清水谷公ト連名ニテ同普人ニ貸渡シ条約取結候次第ニ有之候所、既ニ此一件ハ去十一月於外務省卿大少丞御揃ノ節委細申上、其後於太政官右大臣大納言参議弾正大弼御列坐ノ砌御尋ニ付、尚全体ノ始末申上候処、分明有之可然トノ仰ニ候。又其後寺島外務大輔殿ノ私宅ニテ物語ニモ仕置候ヘ共、御尋ノ御沙汰ニ付又々全体ノ形行申上候、扨箱館平定後直様民政有之候

内外国事務急迫ニ付日限シ各国岡士ヲ会シ両国交際ノ重大ナルヲ論シ、次ニ局外中立ノ論ヲ破リ榎本等ハ真ニ我政府ノ逆賊タルヲ示諭シ終、榎本等ト取替セシ条約書類不残我政府ヘ可渡儀ヲ決定致候ニ付、各岡士条約書並七重村条約書不残持参裁判所ヘ相納候…右条約仕候ハ前書ノ次第御坐候、清水谷公始其節居合ノ諸有司御承知ノ事ト奉存候。以上明治二年二月二十四日　南貞助

（国立公文書館デジタルアーカイブ【請求番号】太00059100【開始コマ】0267―No.18）

清水谷箱館府知事、外国掛南貞助は、外国人に対する使用・賃貸権限はないのに本契約を締結した。そこで、明治三年八月七日廟議は、日本政府の代表として本契約を締結した両名に対し以下のとおり処分した。

山口藩　南　貞介

謹慎六十日

右ノ通適律申上候也

八月八日

清水谷　侍従

謹慎五十日

右ノ通適律申上候也

九月七日

（国立公文書館デジタルアーカイブ【請求番号】太00059100【開始コマ】0267―No.14・15）

第三章　蝦夷地七重村開墾土地取戻命令と解約金

蝦夷嶋総裁榎本釜次郎は、明治二年二月十九日R・ガルトネルと「蝦夷地七重村開墾条約書」を締結した。新政府軍は、明治二年五月十一日旧幕府・蝦夷共和国の攻撃を開始し同月十八日降伏させた。そのためR・ガルトネルは、箱館府に対し「蝦夷地七重村開墾条約書」の継続を求め明治二年六月十六日、「地所開拓之為蝦夷政府アル・ガルトネル氏の約定書」が締結された。

太政官は、明治二年十二月二十七日外務省・開拓使に対しR・ガルトネルから七重村等の土地取戻しを命じた。外務省はR・ガルトネルの所属国プロシア国公使、また開拓使は現地箱館においてR・ガルトネルおよび弟C・ガルトネルと交渉をなし、その結果を外務省がまとめ太政官（弁官）に報告し指示を受けた。外務省・開拓使は、太政官の命令に従いR・ガルトネル等と交渉を重ねた。その結果明治三年十一月九日、R・ガルトネルから開拓使に対し解約金六二、五〇〇ドルで承諾することが告知され、開拓使―外務省―太政官は承諾した。そこで新政府による解約金の支払、R・ガルトネルから土地等の返還がなされた。

太政官の本件土地取戻命令と取戻交渉の経過は、以下のとおりである。

太政官土地取戻命令

大日本外交文書　第二巻第三冊　文書番号六〇四―六八三

外務省・開拓使の土地取戻交渉

大日本外交文書　第三巻　文書番号二八二―二九六

土地取戻交渉の成立と解約金

大日本外交文書　第三巻　文書番号二九七―二九八

太政官の土地取戻命令は、プロシアの蝦夷地植民地化を防止することにあった。明治二年六月十六日、「地所開拓之為蝦夷政府アル・ガルトネル氏の約定書」が締結され翌七月八日職員令（太政官布告第六二二号）が布告され太政官のもとに外務省・開拓使が設置された。太政官・外務省・開拓使がその交渉を進め本課題の解決をみたものである。

太政官土地取戻命令

外務省は、開拓使に対し本件土地取戻につき意見を求め、次いで太政官の指示を求めた。太政官は、明治二年十二月二十七日外務省・開拓使に対し取戻命令をなした。その経過は、以下のとおりである。

外務省―開拓使

外務省は、明治二年十一月十九日開拓使に対し本件土地取戻につき意見を求めた。

七重村及其ノ附近ノ土地開墾契約ハ不都合ニ付破約ノ方針ナル処普魯西人
ガルトネルノ右土地利用ノ方途其ノ他取調方法指令ノ件
明治二年十一月十九日

開拓使御中　　　外務省

今春中脱賊箱館割拠中孛露生商人ガルトネルト榎本釜次郎約定イタシ候、箱館港内七重村開拓之義ニ付、同所恢復後猶清水谷正四位南貞助両人ヨリ右約書ヘ猶添約書迄イタシ候一件、箱館出張開拓使ヨリ大山大主典帰便ヲ以書類サシ越相成致一覧候、右ハ極而不都合之次第ニ付破約イタシ候ヨリ外取扱方有之間敷、太政官ニ而モ右辺之御見込ニ有之候、乍去右之件々一応及御尋候間御細答之上、猶太政官ヘモ相伺御確答可及候

一　右約定破談イタシ取消シ候ニハ幾許之償金サシ遣候得ハ破談可相整候哉、金高致承知度候

一　ガルトネル儀右地所借受開拓之上ハ何事ヲイタシ候見込ニ候ヤ、尋常之亀田葡萄又ハ馬鈴薯位ヲ植付候カ又ハ鮭鱈等漁業之物乾場等ニイタシ我農民同様之利潤ヲ占有イタシ候見込ニ候ヤ之事

一　右之仕法ニ無之孛露生本国ヨリ寒地之楓又ハ葡萄等植付砂糖ニテモ製シ出シ候事カ、其他西洋各国ニテ仕付候有用之草木類ヲ植付候事カ或ハ綿羊ニテモ多数牧養イタシ候見込ニ候ヤ、前書之如キ仕法ニ候ハヽ大ニ北海道開拓之御一助ニモ可相成哉ト被存候

間猶篤ト御糺シ有之度候事

一 参百万坪之地所ニ候ハヽ、其内ニ年来開作イタシ居候農民之持畑有之、其他日本人居家等夫々混雑ノ儀可有之、右等ヲ如何之処置ニ候哉、御見込ヲモ致承知度候事

一 右約書中用水等之事モ相見申候、御地ハサシタル田地モ有之間敷候共、用水論等ハ其上流下流等之故障モ有之モノニ候間、其辺之御吟味ヲモ御申越可被成候

一 各国条約書ニ一ヶ国ニ恩恵ヲ施候節ハ、其外之国江モ同様ニ其恵ヲ可与トノ事ニアリ候得共、前書之如キ広大之地所各国ヨリ借用之儀申立候節、可差拒辞柄可有之哉、露西亜之如キ別而懸念不少候間、右ヲサシ拒候辞柄之有無致承度候

一 右ニ申述候通、北海道開拓ニ之一助トモ可相成候ハヽ、ガルトネル江地所不貸渡、此方ニ而同人ヲ雇月給ニ而モサシサシ遣、開拓為致候様之取計ニモ可至候ヤ、左候得ハ方今一事ニ償金不差遣且各国ヨリ同様之請求ヲ拒候辞柄ニモ可相成ヤ御見込致承知度存候也

右之廉々及御尋候間イサイ御回答有之度存候、其上ニ而猶勘考之品モ可有之、尤事機ニ後レ候而ハ不都合ニ付早々御報有之候様存候、約書ニ留置此段及御尋候也

十一月十九日

（国立国会図書館　大日本外交文書第二巻第三冊　文書番号六〇四　三七四頁以下）

照会の内容は、①R・ガルトネルの用地使用目的、②三百万坪土地貸付における農民・住民に対する措置、③用水状況、④他国から広大な土地の借用を求められた場合いかに措置するか。⑤R・ガルトネルに貸すことを止め、雇用して給料を払い開拓を進めることはできないかとするものである。

外務省─太政官

外務省は、明治二年十一月三十日弁官（太政官）に対し、土地取戻事由・取戻金等につき意見を求めた。

七重村及其ノ附近ノ土地開墾契約ハ不都合付破約ノ談判ニ及フヘキ旨
開拓使ヘ指令方伺ノ件

明治二年十一月三十日

外務省

太政官弁官御中

今春中脱賊箱館ニ拠リ候節、榎本釜次郎其外ヨリ七重村近傍地所開拓ノ義、孛国商人ガルトネルヘ約定取結ヒ居候由ニテ、其後箱館府知事清水谷侍従外国権判事南貞助引続キ改テ条約取結ヒ候由、右地所之義箱館港近郊ニハ有之候得トモ、既ニ外国人居留地ニモ無之候上ハ第一条約面ニモ相触レ、且三百万坪ト申莫大ノ地面ヲ九十九年ト申永年限ニテ貸置候テハ、其間民間ノ訴訟等ハ申迄モ無之候、過日南貞助当省ヘ呼出シ破談之可否問合候処、政府入用之節ハ償金ヲ以テ取戻ノ儀何時モ差支無之、且又昨辰年井上石見差置候節ヨリ当已八月マテ米国ヨリ買入候農具代、其外開拓ニ掛候諸入費僅七千弗之高ヲ当八月中ニガルトネル江払入候筈ニ有之、其後ノ入費ハ聊ノ義ニ可有之ニ付破約ノ見込ニ候ハ片時モ速ニ及、其談判可然現今ナラハ償金ノ高約五六百両ヨリ千両ノ内ニテモ可有之哉ノ旨同人申聞、得能開拓権判官ヲ貳萬ドルモ費候趣ニ申居、両人申所異同有之候得共孰レハ右約定此儘ニ閣候テハ往々不容易不都合ヲ生シ可申ハ必然ニ付、速ニ償ヒ戻シ之義談判ニ及申度候間右之段開拓使江早々御沙汰有之候様致シ度依テ此段奉伺候也

（国立国会図書館　大日本外交文書第二巻第三冊　文書番号六一三　四〇六頁以下）

太政官―外務省

弁官は、明治二年十二月八日外務省に対し解約補償金額につき、意見を求めた。

七重村及其ノ付近ノ土地貸付契約破棄ニ要スル補償金額見込照会ノ件

箱館近傍七重村孛国商人へ貸渡候儀ニ付、南貞助、得能権判官申立ノ金高区々ニテ不都合ノ処、御糺シ早々御申出有之度此段申入候也

十二月八日

弁官

外務省

（国立国会図書館　大日本外交文書第二巻第三冊　文書番号六三八　四七八頁以下）

開拓使―外務省

開拓使は、明治二年十二月十日外務省に対し七重村住民の土地貸付苦情、取戻金額について、以下のとおり照会した。

七重村及其ノ附近ノ土地普魯西人ガルトネルニ貸付セシハ人民ノ苦情アル付破約アリ度尤モ右取戻ニハ補償ヲ要スヘク其ノ額ハ談判ノ上ナラテハ相分ラサル旨申出ノ件

箱館近在七重邑辺之土地孛人ガルトネル江数十ケ年貸渡開墾為致候、約定ニ相成居候処右地所ハ原野ノミニモ無之人民居宅始田畑山林モ相罷リ居、百姓共ヲモ使役シ、百姓共銘々持之田畑耕作致シ候事トモ妨致シ、難渋申出候ニ付ガルトネルへモ掛合モ致シ候共、何分和熟ト申様ニ相調不申今日ニモ差支候廉モ在之候、元来貸渡之義ハ人民不服之義ニ付苦情訴訟不相絶候共、先暴行致シ曲ヲ我ニ取リ候様之義ハ無之様重々相諭置候共始終不都合ニ付貸渡シ候約定破談御取戻之御裁断ニ被成下度義御座候、此義ハ元来昨年卒然ニ相置候義ニ無之旧幕府之節ヨリ同人被願相志シ色々申立旧幕ニテハ同人ヲ雇開墾為致候、目論見ニ在之候由之処昨年時変中ヨリ貸渡節ニ相成当夏又約定致シ申候、当時開拓為致候迄ハ不相届義ニ御座候孰御取戻ニ相成候而ハ御出費ニモ可相成候、サテ其金高ハ一応談判之上ニ無之テハ難相分義ニ御座候、以上

十二月十日

外務省　　開拓使

（国立国会図書館　大日本外交文書第二巻第三冊　文書番号六四一　四八八頁以下）

得能開拓史権判官

明治二年十二月一日、開拓使得能開拓権判官は「演舌書」を提出した。開拓使岩村判官の手紙が「副書」として添付された。南貞助は、取戻金が五、六百万両と主張するが不当であると主張する。

演舌書

孛人《プロシアジン》ガルトネルニ貸渡相成居候箱館近在七重村土地御取戻ノ儀ニ付、右取戻ニ相成候ニハ多少ノ御出金ニモ可相成候共、何程ト申ス儀只今申述候儀難出来候、同人義開作モ暁ノ年月ノ事故、彼カ開作ニ費居候金穀大ク考候共未二萬ドルノ上ハ有之間敷哉ト空考過日申述候処、南貞助申立候ニハ五六百万両ニテハ御取戻シ出来候見込ニ付、私申所ト大ニ相違イタシ候ニ付討論仕可申上旨御沙汰ニ付、仝人宅ヘモ度々相尋候ヘトモ行違面会不仕其内ニ□早帰国候由、差向打合モ難出来候、貞助儀ハ右事件取組モ致候儀ニ付、確定ノ見込ニモ可有之候得共私儀彼方ヘ相当リ候儀ニモ無之、愈何程ニテ御取返シニ相成ト申決シ数ハ不申上候、彼方是迄費候金数等ハ探索致シ在候ヘトモ、不相分内ニ急ニ出帆仕候ニ付今度持参不得仕候。彼カ是迄費候丈ケノ入費ノミヲ贖候ハ、相返候哉否ハ談判ノ上ニ無之テハ難相決事ト奉存候、依テ可然様御評決被下度此段演舌仕候、以上

得能開拓権判官

岩村判官手紙

…惣高内ニ探索為致候所高金三万両程モ相掛候哉ノ趣、尚此上右地所取戻方懸念及候節ハ元高ヘ二萬弗相増、都合洋銀五万弗位相渡シ不申候。半テハ承服難致哉ノ趣ニ候

（国立国会図書館　大日本外交文書第二巻第三冊　文書番号六四一　四九〇頁以下）

（国立公文書館デジタルアーカイブ【請求番号】太00059100【開始コマ】0268—No.18）

外務省—太政官

外務省は、明治二年十二月二十六日太政官（弁官）に対し本件契約に関し次のとおり見解を述べた。

七重村及其ノ附近ノ土地ハ凡五萬ドル以下ノ補償金ヲ支給シテ取戻シ得ヘキヲ以テ速ニ右談判ヲ開始スヘキ様開拓使ヘ指令方上申ノ件

孛人ガルトネルヘ貸渡候箱館在七重村三百万坪ノ地ハ、何レニモ是非トモ御取戻シニ相成ラス候テハ、往々不都合ヲ生シ可申旨開拓使ヨリ致建言、於当者モ同様ノ見込ニ有之、右ニ付テハ異説有之、彼ヘ談シ候上ナラテハ確定イタシ難ク候ヘトモ、開墾入費二万弗ト見積、此上注文致シ候器械出来候ハ、是非余程ノ金高ニ可有之夫是総計凡五萬弗ト見積リ候ハヽ、右巳ニテ償戻ノ塾談可行届存候間遅延イタシ候程、入費多償ト不申候テハ不相成候ニ付速ニ取戻シノ談判ニ取掛候、開拓使ヘ御沙汰有之候様致シ度此段申上候也。

明治二年十二月二十六日

外務省

弁　官　御中

（国立国会図書館　大日本外交文書第二巻第三冊　文書番号六八〇　六六九頁以下）

太政官命令書

太政官は、明治二年十二月二十七日外務省・開拓使に対し七重村土地取戻指令をなした。国際法違反を理由とする最重要な指令である。

七重村及其ノ附近ノ土地ヲ普魯西人ガルトネルニ貸付セシハ不都合ニ付速ニ取戻シヘキ旨指令ノ件

外務省

太政官

先般箱館港七重村近傍三百万坪ノ土地孛国商人ヘ貸渡候儀、右ハ外国人居留地ニモ

無之、第一御条約ニモ相触甚タ不都合ノ事ニ付、速カニ取戻候様可及談判旨御沙汰候事

十二月

開拓使

太政官

別紙之通外務省ヘ御沙汰相成候ニ付、地所取戻相済候上其使ヘ可受取事

十二月

（国立国会図書館　大日本外交文書第二巻第三冊　文書番号六八三　六八一頁以下）

外務省・開拓使の土地取戻交渉

交渉経過

太政官は、明治二年十二月二十七日外務省・開拓使に対し土地取戻命令をなした。そこで外務省・開拓使は、R・ガルトネと交渉した。その経過は、外務省調査部編・大日

本外交文書第三巻「普魯西人ゲルトネル与セル北海道七重村地所ニ関スル件」として纏められている。

開拓使―外務省

開拓使は、明治三年二月二日外務省に対し本件土地取戻につき解約交渉の報告をなした。

七重村土地貸渡解約交渉報告ノ件

明治三年二月二日

外務省

開拓使

七重村土地取戻の条約破談の談判に取掛かり孛国岡士シ・ガルトネル…アル・ガルトネル…へ掛合候…御省にて得能権判官申述置候通り五萬両より内にて相済…とも意外の金子高に相成り候に付…談判取極難…此上は御省にてミニストルへ…御懸合に相成候致度此段御届如此御座候

（国立国会図書館　大日本外交文書第三巻　文書番号二八二　五〇七頁以下）

開拓使報告では、R・ガルトネルとの交渉は五萬両（五万ドル）から検討されたものである。外務省は、明治三年三月九日開拓使に対し外務省においては孛国公使と解約交渉を進めているが談判は成立していないことを通知した。

外務省—開拓使

外務省は、明治三年三月九日開拓使に対し解約交渉について詳細報告を求めた。

七重村土地貸渡解約交渉詳報要求ノ件

明治三年三月九日

開拓使　　　　　　　　外務省

…其地追々御談判有之由の処、右は不承知の旨にて既に同国公使え訴出候申出候、此上は於當省可及談判候間…

（国立国会図書館　大日本外交文書第三巻　文書番号二八三　五〇八頁以下）

開拓使―外務省

開拓使は、明治三年三月二十四日外務省に対しR・ガルトネルは解約金として「七万五千ドル」を要求している旨報告した。

解約ニ付七万五千弗要求ノ旨報告ノ件

明治三年三月二十四日

外務省

開拓使

…ガルトネル…別紙原案の通り洋銀七万五千ドル御渡し被下候はば土地建物馬まで一字返し、約定書返上致し可申旨申出候…彼よりの望みも有之金高相増し候趣に付至急報可被下候…

（国立国会図書館　大日本外交文書第三巻　文書番号二八四　五〇九頁）

これにより本件解決金の最高額が「七万五千ドル」であることが定まった。

明治三年四月十二日、外務卿澤宣嘉、同大輔寺島宗則と独逸北部聯邦代理公使との交渉がなされた。独逸北部聯邦代理公使は、R・ガルトネルは「多分の金子」を求めている旨告知した（大日本外交文書第三巻　文書番号二八五　五〇九頁）。続いて、明治三年四月十五日外務卿澤宣嘉、同大輔寺島宗則から独逸北部聯邦代理公使に対しR・ガルトネルを説得することの文書が交付された（大日本外交文書第三巻　文書番号二八六　五一〇頁）。明治三年五月七日、独逸北部聯邦代理公使から澤外務卿・寺島大輔に対し「…ガルトネル氏より申出候償金の高き過候故拙者是を可定云々御申越の趣承知候…」旨の回答がなされた（大日本外交文書第三巻　文書番二八七　五一一頁）。

明治三年六月十五日、外務省から開拓使に対し「…七万五千弗にては承致し間敷き…」旨通知された（大日本外交文書第三巻　文書番二八八　五一三頁）。明治三年七月二十日、外務省は弁官に対しR・ガルトネルは七万五、〇〇〇ドル請求をしているが「七万弗にて取戻」すことはどうか意見を求めた（国立国会図書館　大日本外交文書第三巻　文書番号二八九　五一四頁）。明治三年十月十日、外務省は弁官に対し七重村土地取戻しに関し「廟議一応領知する」ことを求めた（大日本外交文書第三巻　文書番号二九〇　五一四頁）。

太政官―外務省

太政官（弁官）は、外務省に対しR・ガルトネルとの交渉を急ぐことを指令した。

七重村取戻談判差急クヘキ旨指令ノ件

明治三年十月十日

外務省　御中　　　　　弁　官

箱館港近郷孛国商へ貸地の儀につき別紙の通、開拓使より申出御評議に相成候間於、御省御取戻の談判早々お運ひ可有之別紙相添此段御達申入候也

（国立国会図書館　大日本外交文書第三巻　文書番号二九一　五一六頁）

次いで明治三年十月二十五日、外務省は弁官に対し「償戻金高決定ノ件ヲ開拓使及本省ニ委任方伺ノ件」を求め、翌月二日太政官はその承諾をなした。同文書には、「（欄外註記朱書）閏十月二日　伺之通」の記載なされている（大日本外交文書第三巻　文書番号

二九二　五一六頁）。

明治三年十月二十六日、外務史生宮木鳴がガルトネルとの交渉に関し箱館に出張することとなった（大日本外交文書第三巻　文書番号二九三　五一七頁）。そして、明治三年閏十月二日、外務省から開拓使に対し「償戻金高決定方開拓使ニ一任」が通知された（大日本外交文書第三巻　文書番号二九四　五一七頁）。

明治三年十月十四、二十七日宮木権少録から外務省に対し七重村の視察状況について報告がなされた（大日本外交文書第三巻　文書番号二九五　五一八頁、外交文書第三巻　文書番号二九六　五一九頁）。

最終交渉の内容

土地取戻の最終交渉は、開拓使とC・ガルトネル間で明治三年十一月八、九日なされた。最終案は、R・ガルトネルは七万五千ドル、開拓使は五萬ドルを主張した。交渉の概要は、以下のとおりである。田辺安一著書を引用する。

明治三年十一月八日　開拓使側　岩村判官　杉浦権判官　土肥大主典　志発外務権少判官

相手方　プロシア箱館領事　C・ガルトネル

岩村　これまでの事情は杉浦より申し上げたとおりである。七重村の地所は、さまざまな不都合があるので、日本政府は取戻したい。

ガル　その地所にはいかなる差し障りがあるのか。

杉浦　あの地所は、最初は賊より貸渡し、引き続き清水谷・南らが条約を締結したが朝議を経ていない。かつ貴国との条約にそのような条項もないので、貴国に貸渡ししたことを外務省も承認していない。この地方の農民が種々不都合を訴えているので、ぜひとも取戻したい。

ガル　あの地所は最初賊から借用したものではない。井上石見が在勤中に、R・ガルトネルが一ヵ年四、〇〇〇ドルの約束で雇われて、ようやく開墾に取り掛かったところに、当地に動乱が起こった。榎本へ諸経費を請求したところ予算がないので、その代わりに地所を貸渡された。動乱が静まった後で、榎本は賊であるから、その条約は認められず、清水谷、南と改めて条約を締結した。北海道は

岩村　広莫とした土地であるから、外国人に土地を貸渡してもよいのではないか。委細承知した。清水谷より改めて約定した上は、貴国にても本国政府より条約を継続するようにせよと、連絡があったであろう。地所の貸渡しは府知事にその権限はない。国際条約でも居留などに必要な土地を貸し与えることは、貴国でも拒否することになるだろうが、それ以外の目的の土地は是非とも取戻したい。

ガル　あの地所を取戻そうとする事情はよくわかった。しかし、開墾には兄自身の資金が少なからず費やされているので、その償いをされたい。

岩村　それでは、開墾に費やした諸経費は小職から支払う。その金額の見積りもあるだろうから、金額については明日改めて交渉しよう。

明治三年十一月九日　開拓使側　岩村判官　土肥大主典　志発外務権少判官

相手方　プロシア領事　C・ガルトネル

岩村　七重村開墾場を所々検分したが、一見したところ開墾していないところもあり、七万五千ドルは見積もりが多過ぎる。最初に述べたように、およそ三万ドルくらいが妥当ではないか。

ガル　この前にも申したとおり、最初のころに比べて、追々器械も注文し、農民も母国からの出国手続き済ませていて、七万五千ドルより減ることは甚だ迷惑である。

岩村　事情は承知したが、諸器械の注文の費用は納得できない。七万五千ドルの支払いには当惑する。

ガル　しからば、只今は何ほどの金額を支払われるや。

岩村　事情はつまびらかに承知した。五万ドルくらいは支払ってもよい。

ガル　この交渉を一日も早くまとめたい。兄R・ガルトネルと相談して、金額を知らせるから、早急に支払われたい。

岩村　交渉が纏まったならば、東京へ報告して、手付金五千ドルを支払うようにする。

ガル　承知。

（ブナの林が語り伝えること　二一九頁以下）

（北海道大学北方関係資料総合目録　孛人ガルトネル地所一件書類　一八九頁以下）

土地取戻交渉の成立と解約金

土地取戻交渉の成立

明治三年十一月九日交渉が終わった後、R・ガルトネルから岩村判官、杉浦権判官に対し解約金六万二、五〇〇ドルとする解約承認の書簡が届けられた。これにより太政官、R・ガルトネル間の合意が成立した。

今日付けのあなた方の書翰を受け取った。わたくしの七重村開墾約定の解約で、五万両をお支払いになるとのご提案について回答する。もしも、あなた方が洋銀（メキシコ・ドル）六万二、五〇〇ドルをお支払いになれば、これまでの七重村開墾約定書、ならびに、建物その他の品々を残らず添えてすべてお返しする。この六万二、五〇〇ドルのうち、日本金にして七千五百両は約定解約が成立した節に、手付金として支払われたい。残りの洋銀五万五千ドルについては、三十日以内に日本政府が横浜に在る上海ならびに香港バンク、カウブラエションン社発行の洋銀五万五千ドルとして、わたくしに支払うという手形を受け取るまでは、七重村開墾約定書をわたくしが保有する。もしも、右期間中に三十日より遅れた場合には、一カ月一分五厘の利子を残金に加えて、三カ月以内に支払われたい。もしも、この三カ月の間に約束が履行されなければ、この手付金七千五百両を、破約金としてわたくしが受け取る。かつ、七重村開墾約定書はこれまでとおり私が所有する。

洋銀六万二千五百ドル取調書

第一　洋銀三万五千ドル
わたくしのこれまでの諸出費、ならびにわたくしがヨーロッパより招いた弟「オト」および農夫四人、婦人二人、子供三人、その他当地の日雇いの月給、賄い方の経費など、家財、すべての器械その他諸道具など、種物、草木などをヨーロッパより取り寄せた経費、その他牛馬および豚の類、そのほか小雑具とも。

第二　洋銀一万ドル
七重村開墾約定解約の際に、これまで私が雇ったヨーロッパ人の農夫たち、私の弟「オト」氏の帰国のための費用およびかれらへの賞金として。

第三　洋銀五千ドル

七重村開墾のために必要なのでヨーロッパへ注文した品々を、先方へ返却あるいはわたくしが引き受ける予定のもの。

第四　洋銀一万二千五百ドル

わたくしの七重村開墾中止を補うために支払われたい。

総計洋銀六万二千五百ドル

R・ガルトネル手記

（大日本外交文書第三巻　文書番号二九七　五二一頁以下）

（北海道大学北方関係資料総合目録　孛人ガルトネル地所一件書類　一八六頁以下）

（ブナの林が語り伝えること　二二二頁以下）

明治三年十一月十日開拓使から太政官（弁官）、外務省に対し六二、五〇〇ドルで合意の成立が報告された。

土地取戻解約金

開拓使からR・ガルトネルに対する解約金の支払がなされた。開拓使の報告文書には、R・ガルトネルの受取証写が添付されている。その内容は、以下のとおりである。

開拓使宛補償金受取証写

拙者千八百七十一年十二月三十一日日本政府より七千五百両金并に上海及び香港えの為替五万五千元の請取証書をも同日慥に日本長官より受取申候、且千八百六十九年七月二十二日日附にて我七重の地券日本政府へ差上候、且既に御渡申置候書面の通、拙者圃園不残御引渡可申用意罷在候、尚右六万二千五百元の高にて拙者決して不満足無之、我七重の約定に付向後一切の故障申立間敷候、仍て如件

千八百七十一年第一月三十日

横浜　アル・ガルトネル

(国立国会図書館　大日本外交文書第三巻　文書番号二九八　五二三頁)

明治四年一月二日、R・ガルトネルから岩村判官・杉浦権判官に対し書簡が送られた。

一月二日付の貴下に書翰を落手し、お答えできるのは光栄です。わたくしの七重村開墾が問題となって以来、厚志をもってわたくしの納得いくように取り計られたことを、深く感謝します。わたくしは、開墾に取掛かったばかりの農場を後にして、残念ながら立ち去ることになりました。最初この事業に取り掛かったころは、本当に苦労しました。この事業については、最初少しでも利益を得ることを考えておりました。貴下らがこれからも開墾を継続され、近年の内に大いに成功されることを祈ります。今後は、ヨーロッパからでも、開墾事業に協力いたしますので、わたくしにできることをお知らせください。

岩村判官

杉浦権判官

R・ガルトネル

（ブナの林が語り伝えること　二二七頁以下）

解約金額は、六万二、五〇〇弗である。明治四年五月一日新貨条例（太政官布告第二六五号）において旧一両は新一円とされた。これにより、アメリカ通貨一弗＝一両＝一円となり連動することとなった。明治初期は、一弗＝一円であるから六万二、五〇〇円である。

当時の経済状況をたどる。①安政─慶応における幕府・政府軍艦の輸入価格は、一〇万ドル─四〇万ドル、政府要請の輸入価格は、長崎丸（九四トン）六万六、〇〇〇ドル、長崎丸（三〇〇トン）二〇万ドルである。②開拓使予算。開拓使は、明治二年七月設置され明治十五年二月廃止された。黒田清隆開拓次官の提案により、明治四年八月十九日「一〇年間一、〇〇〇万円」をもって総額とする「開拓使一〇年計画」が決定された。大規模予算計画と評価された。③明治四年、開拓顧問として雇い入れたアメリカ人ケプロンの年俸は、一万ドルである。④明治七年、太政大臣年俸九、六〇〇円、左大臣・右大臣七、二〇〇円、参議・各省卿六、〇〇〇円である。

我が国のR・ガルトネルに対する六万二、五〇〇ドルの支払は、高額かつ不当である。しかし、外国人によるわが国の不法占拠を排除するための費用であり止むを得ないものであった。

福山・江差騒動

序説

松前（館）藩は、爾志（熊石　乙部）・檜山（江差　厚澤部　上ノ国）・津軽（松前　福山）・福島（福島　知内）郡から形成されていた。四郡は、松前、館、弘前、青森の藩県を経て明治五年九月開拓使の所管となった。

開拓使は、明治六年三月青森県から移管された四郡の漁税を、それまで五分であったものを一割に増税した。この年は、鯡が極度の不漁であったこともあり漁民の騒動に発展した。

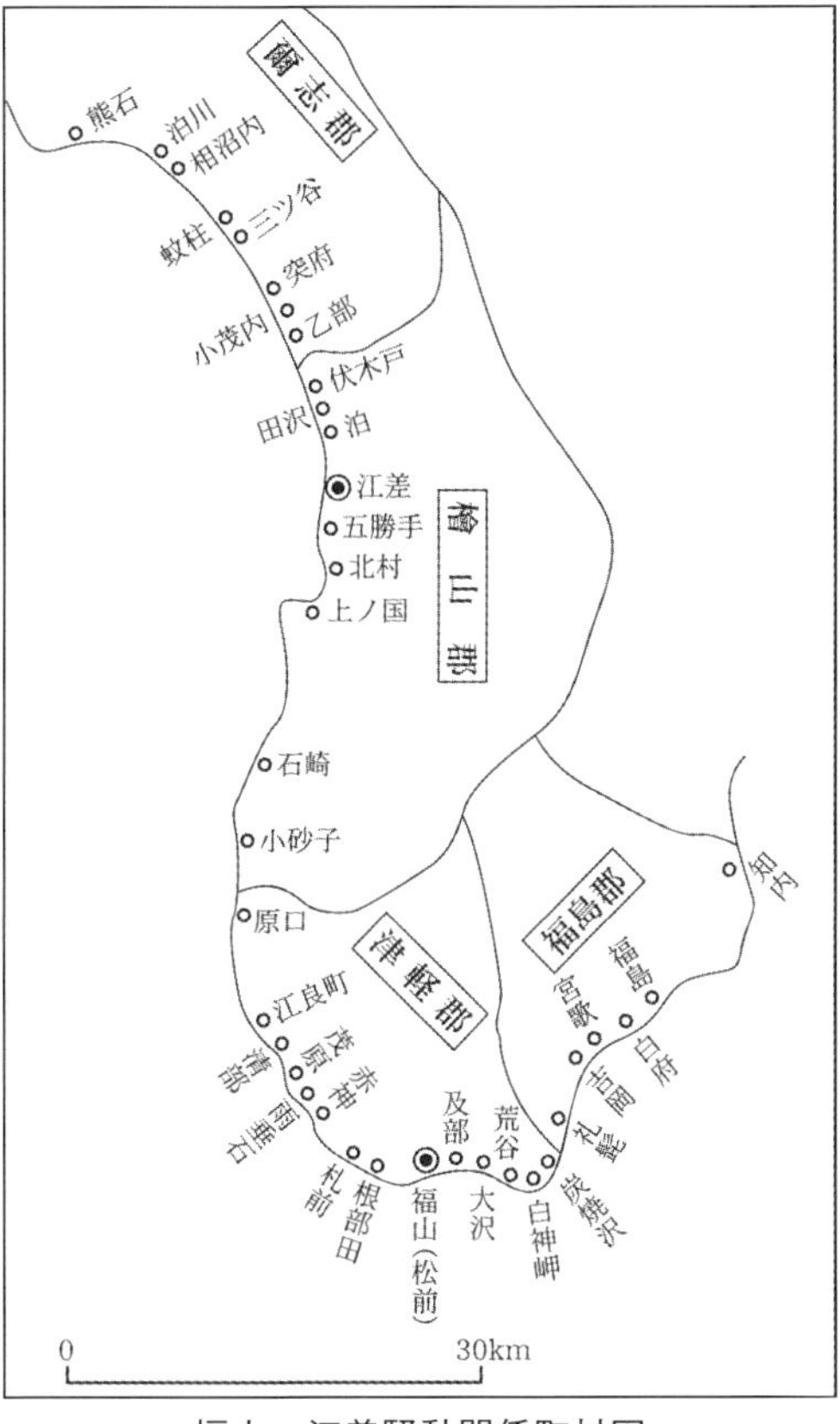

福山・江差騒動関係町村図
(田端宏「福山・江差騒動の研究」)

騒動推移表

年月日	経過	騒動参加者	被害状況
明治六年三月	増税　鯡一割等		
四月十五日	爾志郡減税嘆願・強訴	約三〇〇名	
五月六、七日			
五月二十四、二十五日	福山騒動	約五〇〇名	官員宅七軒破壊
六月六、七日	江差騒動	約五〇〇名	官員宅等二六軒破壊
六月八、九日	熊石・乙部騒動	約二〇〇名	戸長宅等七軒破壊
六月二十八日、七月二日	黒田「恩典」		

明治六年四月十五日、爾志郡八ヵ村（乙部・小茂内・突府・三ッ谷・蚊柱・相沼内・泊川・熊石）による漁税一割の減税嘆願が始まり、次いで五月六、七日、減税を求める強訴が始まった。五月二十四、二十五日には、福山（松前）でも減税嘆願が始まり、福山市中では開拓使官員宅七軒が破壊された。これが六月六、七日江差に波及し、開拓使官員、戸長宅等二六軒が破壊され、続いて熊石、乙部村では、六月八、九日戸長宅等七軒が破壊された。

開拓使は、官員だけでは鎮圧することができず、青森から軍隊の派遣を求め首謀者の捕縛にあたった。捕縛者は、福山一七名、江差三一名である。

黒田清隆次官は、東京から急遽駆けつけた。黒田次官は、漁税一割を譲らず、建物損壊の損害賠償は各村の負担とし、そのうえで捕縛者全員を釈放する「恩典」を実施した。騒動は、終結した。

福山・江差騒動は、北海道における最大の住民一揆である。この騒動には漁民のほか旅籠屋、商人、農民、医師、郵便取扱人、伍長等が参加し捕縛された。また正行寺、光善寺は、漁民等の集会、宿泊のための寺院を提供した。これは、開拓使の措置に対する住民不満の爆発であった。

私は、北海道文書館の平成二十二年度「古文書解読講座」に参加し、この騒動を知った。本稿は、講座で配布された史料を基本として事実を確定し、法的問題を検討するものである。

第一章　騒動始まる

漁税増税に反対する動きは、爾志郡八ヵ村（乙部・小茂内・突府・三ッ谷・蚊柱・相沼内・泊川・熊石）の減税嘆願で始まった。四月十五日、八ヵ村の村役人は、「改正税五分方御減額」のため江差に出たが二人の郡長に説諭され帰村し、願書の提出に至らなかった。四月二十九日、村役人は、再び江差に出て願書を提出したが、減税は北海道全体に影響を及ぼすもので聞き届け難いとされた。帰村した村役人は、漁民から雑言をあびせられる有様で翌三十日村役人は、退役を願い出た。

江差出張所は、官員二名を説得のため各村に派遣した。五月六日夜、最後の熊石で「漁民不服蜂起」の状態となった。そのため、江差出張所主任者佐郷綱文大主典は、捕亡方四名を伴い駆けつけたが、漁民約三〇〇名が乙部村まで押し出していた。五月七日佐郷大主典の説得により六カ村の村役人は「五分方ニ御猶予被成候」なる「御請書」を提出し、一段落した。そのうち、鯡の郡来があり熊石漁民を中心とした強訴は、中途解散のかたちとなった。

第二章　騒動の原因

明治五年九月開拓使の機構改革がなされ、函館支庁が置かれた。爾志・檜山・津軽・福島の四郡は函館支庁の管轄である。四郡には、明治六年一月江差出張所（檜山、爾志郡管轄）、福山出張所（津軽、福島郡管轄）、明治八年十二月熊石勤番所が置かれた。明治九年五月熊石勤番所は、分署に改称された。

明治五年九月、爾志・檜山・津軽・福島郡は青森県から開拓使に移管が決定され、翌六年二月青森県からの引き継が終わった。この地方は漁村である。函館支庁では、春鯡に対する課税が問題となった。福山出張所では、漁税の増額について①漁税は一割とし直ちに実施、②秋漁から実施、③翌年から実施で意見がわかれ函館支庁に決定を求めた。函館支庁でも同様に議論がわかれ、支庁主任者の杉浦中判官は、税率は一割とし直ちに実施することを決定した。

今般福島津軽檜山爾志四郡税則別紙之通改定候条区々無洩可為相心得候也

開拓使七等出仕　内山　国雄

右四郡

戸長　副戸長

税　則

一、畑税　従前之通

一、鮭税　従前之通

一、胴　鯡　現品ニ而　壱割　以下同

一、身欠鯡　　同
一、鯡〆粕　　同
一、生鯡　粒共　　同

右之通当年ヨリ可相納候事
明治六年三月

（以下略）

しかし、旧幕府時代は、漁民に対する貸付金、救護米制度があり、その額は四、五万両であったが、開拓使時代になってその制度はなくなった。そのため漁民は、鯡漁の支度金を江差、函館の商人から高い金利で借入した。そのうえ、税が一割となれば漁場経営が困難になることは明らかであった。

第三章　福山騒動

明治六年五月十七日福山西在八カ村（根部田・札前・赤神・雨垂石・茂原・清部・江良町・原口）の村役人は、戸長八間田綱右衛門と共に福山出張所（在勤　七等出仕内山国雄）に出頭し、

「…鯡漁皆無同様之不漁ニ而実ニ窮迫罷在候　此後仕込受候儀モ頼入カタク姿ニ相候　依之不顧御場合柄奉願候モ恐入奉存候ヘトモ当年限御税納方之儀御免被仰付被下置炊度此段奉嘆願候」

とする願書を提出した。しかし、免税は北海道全体の問題であり認められないとし、村役人等を帰村させた。同じ十七日東在六カ村（下及部・上及部・根森・大沢・荒谷・炭焼沢）でも村役人連署で減税嘆願書を戸長に提出した。

五月二十二日になると西在の動きは厳しく戸長の手に負いない状況となり、官員・捕亡方が二十四日まで説諭にあたった。この頃になると減税を求める動きは、東・西在、

福山市中にも及び津軽郡全体が騒然とした状態になった。

五月二十四日、江良町では漁民多数が直訴のため福山に向かい、福山市内に集結した時は他村の漁民も加わり数百人となり、東在からも多数が福山市中に入り栖原小右衛門宅前で合流した。そして二十四日午後一〇時頃から福山市内で家屋の打ち壊しが始まった。鎮圧に貫属（元松前藩士族）、官員約三〇人があたったが、礫を投げ、抜刀して立ち向かう状態で鎮圧できず引き上げた。租税掛、捕亡属、組頭、副戸長各一名、租税掛手代三名計七名の家が壊された。漁民の怒りは、末端の租税掛、手代に集中した。その夜、東在の者は正行寺、西在の者は光善寺で夜をあかした。

翌二十五日西在の者は、前日の騒動を背景に五分に減税することを求めたのに対し内山七等出仕は専断でこれを承諾した。しかし、東在の者は、鯡税は三分として金納その他の雑税は免除とすることを主張した。これに対し官員側では、説諭して承服しなければ武力をもって鎮圧すべしとする強行論があった。しかし、貫属は俄か編成の上派閥の対立があり武力鎮圧の力はなかった。

結局二十五日の夜になって神尾中主典等が説得のため正行寺に向かったが、暴威がますます高まり説諭はできず、二十六日の夜明けになって「鯡税は三分その他雑税はすべて免除」することを認めた。しかし、漁民は「願意聞届」の書付を求め、梵鐘を打ち鳴らして役所に押しかけ書付を求め、「願之趣聞届候事」とする文書を取り付けた。この後西在の漁民が、東在漁民と同様の条件を求め押しかけ認められた。鯡税は三分他雑税は免除することとなり、午前三時頃になって漸く平静となった。

この動きは檜山郡に連動し、さらに二十六日午後六時頃になって貫属が青森時代の旧禄資未払分の支払いを求める騒ぎとなった。五月二十七日三分納税の布告がなされた。

第四章　江差騒動

明治六年五月二十八日函館支庁から有竹裕大主典が福山に到達し、佐郷綱文、内山国雄と三者で、福山打壊し、減税措置について協議がなされた。佐郷は、「熊石方面ではすでに七、八割が一割の納税をしている。いまさら三分と言うのはまずい。」と言うことであり、一割徴収となった。しかし、五月三十日爾志郡三ツ谷村以南では、福山地方は鯡税三分となったので「当地方ニテモ同一ニ願出度者ハ無遠慮可願出、又当春ノ御趣旨相守納候者ハ可相納」と口達されていた。六月四日、江差市中と五勝手村を除く檜山郡全域の村から鯡税三分とする願出がなされたが願書は、戸長から差し戻された。

六月六日夜十時頃になって騒動の機運が高まり「意外ノ動乱」になり七日に及んだ。五勝手村で漁民一〇〇名、泊村、伏木戸村、田沢村で漁民七、八〇名が集結し、江差に押し出す勢いを見せ、その一部はすでに市中に集まっていた。出張所は、まとめて願出を取り上げることになり門を開き灯を掲げて待っていると、漁民は鐇、棒、間伐等を持って乱入し、官員達は裏口から脱走した。出張所の破損状況について、西村・蛯子権少主典から「公廨《くがい》破壊箇所取調届」が提出されている。公廨《くがい》（官衙、江差出張所）の損傷は、板塀、門扉、白州、座敷建具が破損し、幕、提灯が壊され、書物が扮失した。漁民は、さらに増加し市中各所に官員等の居宅を打ち壊した。打ち壊された家は、出張所では租税課九軒、捕亡課三軒、聴訟課一軒、貫属六軒、戸長・副戸長三軒、商業三軒、平民四軒、計二九軒である。

江差では、租税だけでなく警察、裁判、地方行政、民間にまで広く不満を爆発させた。捕亡荒野宗治は、住宅を打ち壊され　仏壇、家財道具は破棄し、包丁、薄刃が持ち出された。凄まじい暴動であったことが読み取れる。さらに荒野は反古類（ほご紙類）数千枚を保存し、書籍類百冊を持っておりなかなかの勉強家であった。居宅も「建具取合」（建具両面）一五間でありかなり広く、箪笥三本、長持二本であるから裕福な家庭である。

しかし、等外三等出仕は、七円（判任官八等が月給六〇円）であり官員としては低い地位にあった。江戸時代の同心と同じように市中からの手当があったかは、わからない。

七日、順正寺の僧侶が駆けつけ鯡税を三分とすることで出張所に願出ることを請合うことで説得にあたり、八日午後一時頃になって漁民は引き払った。

江差打ちこわしの余波は、爾志方面に広がった。八日夜江差からの帰りかけの漁民は、乙部村で年寄西里清吉宅等五軒、突府村で名主新谷篤次郎宅一軒を壊し、九日には熊石村で船改所、戸長田村忠直宅を破却した。

第五章　開拓使の措置

騒動に対する措置

明治六年五月六日に熊石・乙部で始まった鯡税の減税を求める運動は、福山、江差での騒動となり、その余波が再び乙部・熊石に及んで六月九日終わった。

騒動において、官員側の負傷者は、「怪我人名前」として報告されている。軽創は戸長田村忠直、貫属士族広瀬長右衛門、中之直、笠嶋義男、薄傷は戸長高橋治知、貫属士族明石廉平の六名ある。

江差騒動が起こったことは、六月七日夜一〇時頃函館に届いた。翌八日午前函館支庁主任官杉浦中判官は、砲兵三〇名、邏卒二〇名と共に函館を出発し、夜一〇時江差に到着。続いて六月十二日青森から二小隊の兵を乗せた青解艦が江差に到着し、一小隊は福山に派遣され十三日夕刻到着した。漸く騒動鎮圧の体制ができた。六月十三、十四日、捕縛が進められた。

福山騒動の入牢者は、一七名である。漁業者は「常吉」だけである。農業者四名、商業四名、貫属、医師、郵便取扱人、馬士各一名でまで含まれている。鯡税減税騒動に参加したのは、漁業者が殆んどである。しかし、主導的役割を果たしたのは鍋谷常次郎（商業）、願書筆記の田中清六（旅籠屋）、佐々木金次郎（函館で捕縛）とされた。旅籠屋、医師、農業、商業者も漁民騒動に便乗して自分達の減税を実現しようとしたものである。

江差騒動で捕縛・入牢された者は、三一名である。職業構成は、「百姓代」一名、「伍長」二名、書役一名のほか不明。首謀者は、長谷川福蔵（百姓代）、滝谷伝九郎（職業不明）と認められた。福山と同じように漁民の減税騒動に乗じ農民、商業者等が加わった騒動であった。

黒田次官の動向

開拓次官黒田清隆は、騒動の報告を受けて太政官に報告し、十六日東京を出発、十九日函館に到着した。黒田は、邏卒、武器を整備し二十五日福山に到着した。

黒田次官は、住民からは捕亡者に対する嘆願が出されたが却下した。その上で「恩典」が行なわれた。恩典は、①漁税は一割、②破却家屋の補償は各村の負担、③捕縛者はすべて釈放し罪科は問わないとするものである。

黒田次官は、二十八日福山において戸長、村役人等を呼び出し、「恩典」が岡本大主典により読上げられた。福山の入牢者一三名、預け者一三名は釈放された。次いで七月二日江差において村役人のほか入牢者まで呼び出され、福山と同様「恩典」、説諭がなされた。入牢者三一名、預け者一九名は釈放された。捕縛者、入牢者数は、資料により若干異なる。

「恩典」は、次のとおりである。

第壱号

当管内ノ人民ヘ全地一般ノ振合ヲ以テ鯡漁税ヲ掛ヶ候処　頑民共数千党与一時蜂起シ官員縷縷之ニ説諭ヲ加フルト雖トモ　倍ス暴威ヲ逞フシ　剰ヘ凶器ヲ携ヘ強訴　庁ニ迫マリ遂ニ人家ヲ破却シ或ハ人ニ疵ヲ付ケ　甚シキハ民財ヲ掠奪シ酒食ヲ貪リ　其悪行不至所無ク　而今先非悔悟ノ実功ヲ表スルト雖トモ　法律ヲ以テスルトキハ　実ニ天地ニ不可容ノ大罪ナリ　決シテ赦宥ノ者ニ無之候得共　清隆退テ往事ヲ　追懐シ民情ヲ察スルニ　戊申己巳年不慮ノ禍難ノ為メヘ兵燹ニ罹リ非常ノ困苦ヲ受ケ候者ハ勿論　鰥寡孤独疾病等ノ者

函館地方ノ儀ハ都テ厚ク救助モ有之所　福山江差方面ハ当春当使ニ引続ノ砌　尚又救助ノ道ヲ立テ直チニ厚ク世話可致処　其儀無之故ニ此挙動ヲ醸成スルニ至ル　是偏ニ清隆不明ニシテ撫御ノ道ヲ失シ　遂ニ此失体アルヲ致ス後悔ノ至リニ堪ヘス　之ニ依テ進テ罪ヲ民ニ譲ムルニ忍ヒス　此際出格ノ義ヲ以テ各其重罪を赦宥シ罪ヲ清隆一身ニ帰シ退テ　天裁ヲ仰カン　人民宜ク　皇恩ノ厚キヲ奉戴シ　尚清隆ノ心中ヲモ察シテ善心ニ復シ　各其産業ヲ力メヨ　必ス　聖旨ヲ誤リ官令ヲ背ク勿レ　自今聊カ右様ノ者有之ニ於テハ　速ニ厳罰ニ処ス　故ニ今般ノ処分ニ甘ヘ他日心得違ヘ無之様　小前末末ノ者ニ至ルマテ無洩相触レ　尚常々戸長以下諸役員ヨリ屹度懇論可致事

明治六年六月廿八日

開拓次官　黒田　清隆

黒田次官は、七月十四日、東京に帰着した。東京に帰着した後、天皇の裁可を願い出た。事後裁可がなされた。

福山江刺地方人民暴動ニ付天裁伺

先般函館支庁所轄渡島国福山江刺方面人民収税ノ儀ニ付暴動致シ候…清隆辱任ノ罪且出張先ニテ奏請ヲ不経壇ニ重囚ヲ放免致シ候等恐悚ノ至ニ堪ヘス謹テ天裁ヲ奉仰候誠恐惶頓首

明治六年七月十七日　　開拓次官　黒田　清隆

太政大臣　三条　實美　殿

司法職務定制との関係

明治五年八月司法職務定制が布告された（太政官布告無号）。同定制により、司法省臨時裁判所、司法省裁判所、出張裁判所、府県裁判所、区裁判所が置かれた。

司法省臨時裁判所は、「国家ノ大事ニ関スル事件」を所管する。本件は同条に該当するのではないかという疑問がある。

明治六年三月から同七年十二月まで西日本を中心に「血税一揆」といわれる徴兵、学校、租税等の反対・改正を求める一揆が多発し、官員宅、区・戸長宅、学校などが破壊され、殺傷者も多数にのぼった。本件もこの一揆に位置づけることができる。

その一連の事件の中で名東県《みょうどうけん》（香川県）事件がある。明治六年六月二十八日に徴兵、学校経費の負担反対を叫んで農民たちが立ち上がり、戸長事務所、邏卒出張所、学校等五九九箇所を打壊、焼打ちし、死傷者は五二名で七月六日鎮圧された。逮捕者は約二八二名。

本件につき、司法職務定制に基づく司法省臨時裁判所が開廷された。司法省から派遣された判事は、司法権少判事佐久間長敬である。裁判の結果は、次のとおりである。

斬殺四人　絞殺三名　懲役終身一名　懲役十年一七名　懲役七年以下三五名
杖一三一名　笞一万六、六五四名　呵責四二名（合計一万六、八八七名）放免一四名
脱走一名

罪人は一万六、九〇二名。刑に処せられた者一万六、八八七名。放免一四名。脱走一名である。適用された法令は、新律綱領である。死刑となったのは、謀殺、放火者である。

本件騒動は、司法職務定制が定める「国家ノ大事ニ関スル事件」に該当し、司法省の

所管であると思料される。しかし、黒田次官は「天裁」により開拓使の処分とした。その措置は、甚だ疑問がある。

函館裁判所が設置されていれば、厳重な処分がなされたであろう。

ハーバー事件

序説

明治七年一月八日、司法職務定制（明治五年八月三日太政官達無号）に基づき函館裁判所が設置された。そこで同年五月二十四日、開拓使から函館裁判所に対し聴訟、断獄につき引き継ぎがなされた。函館裁判所の管轄は、開拓使函館支庁管内で渡島全国、胆振国山越郡、後志国久遠・太櫓・瀬棚・奥尻・島牧・歌棄《うたすつ》・寿都《すっつ》・磯谷郡である。

秋田県士族田崎秀親（二二歳）は、明治七年八月十一日函館において外国人殺害を目的として、所携の刀剣（一尺八寸）をもってドイツ代弁領事L・ハーバーの頭部、頚部、肩部等を切りつけ殺害した。田崎は、第三大区邏卒屯所に自首し、同詰所大岡島芳則、少邏卒東海林雄吉により捕縛され、函館裁判所に送致された。

函館裁判所は、所長権少判事井上好武、権中検事伊庭貞剛、権中解部高木静三が断獄手続を進めた。同年九月二十六日「斬首」を言渡し、即日執行された。

函館裁判所が開設されてすぐ、外国領事殺人事件という困難な事件が発生しものであり内外から裁判の動向が注目された。

第一章　函館裁判所

函館裁判所設立の概要を説明する。

慶応三年十月十四日、大政奉還（布告第一号）がなされ徳川慶喜から天皇に対し政権の返還がなされた。「刑法当分旧幕ノ法ニ依ラシム」ことと定められた。慶応三年十二月九日、王政復古（布告第一三号）が布告され、明治政府が成立された。明治元年一月十七日、三職七総督（布告第三六号）が置かれ政府体制が組織された。続いて明治元年二月三日、三職八局（布告第七三号）が布告され政治体制の変更がなされた。明治元年閏四月二十一日、政令（太政官布告第三三一号）が布告され、太政官、議政官、行政官、軍務官、刑法官、府・藩・県等が置かれ政治体制が整備された。明治二年七月八日、職員令（太政官布告第六二二号）が制定され、太政官、開拓使が設置された。明治四年七月九日、司法省が設置された（太政官布告第三三六号）。

明治四年八月三日、司法職務定制（太政官達無号）が布告された。司法職務定制は、わが国最初の司法組織法である。二二章、一〇八条によりなる。裁判所は、司法省臨時裁判所、司法省裁判所、出張裁判所、府県裁判所、区裁判所である。明治五年十月二十七日まで二一府県裁判所が設置された。判事として大・中・小判事、検事として大・中・小検事等が置かれた。さらに聴訟（民事）、断獄（刑事）が定められた。本件が適用される断獄順序は、①事件の送致があった場合は、一件ごとに担当判事、解部を定める。②判事は、被疑者罪人の一応推問（弁解録取）をなす（初席）。③軽重を斟酌し、監倉（拘置所）又は囚獄（刑務所）に収監し、判事、解部は、推問をなす（未決中）。④解部は、罪人の取調をなして犯状明白口書を作成し、逐条ごとに確認する。⑤判事、検事列席し、口書を読み聞かせ、相違ない場合は指印（爪印）をさせる（口書読聞）。⑥判事は、口書に律文を適用して流以下は専決、死罪は司法省の許可を受け検事、解部列席の上罰文（判決）を言い渡す（落着）。

明治七年一月八日、司法省から開拓使に対し司法職務定制に基づく函館裁判所の設置が通知された。続いて管内に明治八年十一月二十九日福山区裁判所、同十年二月十九日函館区裁判所、同十一年一月七日江差区裁判所、同十二年八月十三日寿都区裁判所が設置された。函館裁判所長に任命された権判事井上好武は明治七年五月十九日着任し、同月二十四日開拓使函館支庁と聴訟・断獄事件の引き継ぎがなされた。断獄（刑事事件）一七件、聴訟（民事事件）五七件である。民事事件五七件中三〇件は外国人を当事者とするものである。開拓使から函館裁判所に引き継がれた事件関係書類は、現に函館地方裁判所に保存されている。

ハーバー事件は、函館裁判所が設置されてまもない明治七年八月十一日起き、翌九月二十六日罪人に対し断罪（斬殺）申付がなされた。

第二章　罪人自首

田崎は、明治七年八月十一日ドイツ代弁領事L・ハーバーを殺害し第三大区邏卒屯所に自首し、身柄は裁判所に引き渡された。

ハーバー事件記録
（函館地方裁判所）

秋田県貫属士族
田　崎　秀　親
二十三歳
右ノ者本日第一大区五小区谷地頭道ニオイテ外国人ヲ殺害致、詳細ハ別紙ノ通ニ有之赴ヲ以、書面持参自首致候ニ付、厳重取調ベ及御引渡候也
明治七年八月十一日

第三大区　屯所

引　渡　人　岡島　東海林

函館裁判所　検事局

別紙

掛巻モ畏キ神風ノ伊関国ニ座坐ス雨宮高皇大御神鳥カ鳴東国ノ……乞願奉ラムト

畏ミモ白ス

秋田県士族

田　崎　秀　親

右屯所ニ持参差出居候書類也

裁判所は、掛を所長権少判事井上好武、権中解部高木静三、権中検事伊庭貞剛とした。

田崎秀親は、秋田県出身であるところから明治七年八月二十八日秋田県参事加藤祖一、秋田県権大属により、田崎の秋田における行動の取調がなされた。

井口長七郎・カネの供述。秀親は長七郎次男謙次の実子である。母は、カネの妹のツルで秀親八歳のとき死亡したので長七郎・カネが引き取った。秀親は、四、五年前から神道にふけり、祖先の佛祭を廃して神祭にした。そこで不和となり、又ほかから苦情が来るようになった。明治七年七月二十九日書置を残し家出した。

県社祠官兼権大講義小野崎道亮、郷社祠官兼権中講義荒川秀穂、県社祠掌大和田盛胤郷社祠掌兼少講義畑江道弘の供述。明治六年十一月頃から県社配札製造手伝いをしていた。余暇に皇学の講義をした。師弟、懇意の間柄ではない。七月十一日荒川に宛てた封書があった。これらの経過をみると、神道を信仰し、親や周囲に迷惑をかけていた。しかし、真に神道の信仰者であったか否かは判断できない。

第三章　口書作成

函館裁判所において、田崎の口書が作成された。口書の要旨は、以下のとおりである。

権中検事　　　伊　庭　貞　剛㊞

掛　権中判事　井上好武㊞
　　権中解部　高木静三㊞

二十二年四月

秋田県士族
田崎秀親

自首　明治七年八月十一日

一、私は、元秋田藩で食録百四十九石藩士ニ候処、戊申年間から征奥まで一事をなす決意でありましたが何事もなしえず今日に至り慙愧に耐えません。そこで、寸功を立てることを決意しました。明治四年一月頃から、秋田県中教院権大講義兼同社八幡宮祠官小野埼道亭等のもとで皇学の修行をし、昨六年十一月からは同社で御札の配布を手伝い、夜は神代の御典を読み神道の尊さを理解できるようになりました。

本年一月、秋田県において学校が設置され士・庶民の別なく入学できるようになりました。そうすると、皇学は廃止され洋学が振興し、神道が後退しキリスト教が伸びることになります。外国人との親和は、わが国の衰退となります。そこで、わが国三府五港には多くの外国人が居留しており、一、二名の外国人を殺害しても海水の一滴にもならないが一人でも殺害し、わが国に尽くすことを決意しました。

二、七月二十九日家を出て、八月八日函館に到着、大町旅人宿柴田伝兵衛方に止宿した。殺害は、外国人であれば誰でもよかったが三日の間市中を俳諧して外国人の挙動などをうかがった。

八月十一日午後二時頃、自首の際提出した「祝辞」を懐に刀を帯して、蓬莱町遊所小島重兵衛方を出ました。午後五時頃まで酒を飲み、招魂社に行って成功を祈念し、同社出てすぐ近くの石の階段で一人の外国人の姿を見かけた。これが好機と思い追跡を始めた。漸く追いつき一間くらいになったところで、所持していた傘を投げつけ振り向いたところで抜刀し肩先を狙って二刀ほど切りつけた。外国人は傷を負いながら逃げ、十五間ばかりしたところにあった鎌田七之助なる農家に逃げ込んだ。そこで外国人は、自分に手を合わせて助命の意を表したが頭部を一刀切りつけたところその場に倒れました。しかし、絶命に至らなかったので、続けて何刀となく切りつけたものであります。傷は、二十四箇所あるとのことですが、致命傷は頭部から左耳、左下顎に至る傷、左足にあります。

三、私は、素懐を遂げましたので、直ちに邏卒屯所に出頭し殺害の始末を届け出、縛に付いたものであります。殺害された者がドイツ国代弁領事ロード・ウエックファーハ氏であることは、この調べで知りました。同氏は、この度はじめて知ったものでありまして遺恨をもって殺害したものではありません。

以上の通り相違ありません。

明治七年八月三十一日　田崎秀親　花押

口書奥書（朱書）

己レ頑遇、時勢ノ変換ヲ知ラズ、皇学ノ頽退ハ外国人ノ交通ニ基クト思了シ、彼ヲ殺害シ、素懐ヲ果サント欲シ、東西徘徊スルノ際隅洋人ノ過ルヲ見、追逐シテ兇殺ス。

謀殺条人ヲ謀殺スルノ造意者。

除族ノ上

斬殺

司法卿大木
喬任之印(17)(18)

害スルノ時、其誰タルヲ知ラズ。推鞠セラルルニ及デテ領事タルヲ知
ヲ以テ、本条有罪名条ニ照シ凡人謀殺ニ擬ス

第四章　断獄手続

断獄手続は、司法職務定制第九三条に規定されている（明治五年太政官達無号）。開拓使函館支庁管内で発生した断獄事件は、函館裁判所が管轄する。函館裁判所は、明治七年一月司法裁判所として設置されたばかりである。

田崎は、開拓使邏卒屯所に自首し捕亡され函館裁判所検事に引き渡された（第三五条）。伊庭権中検事はこれを断獄課長に送り、同課長は井上権少判事、高木権中解部を掛として指定した。井上権少判事は、罪人田崎に対し犯罪の認否をなした（初席）。その後、判事、解部により罪人、共犯者、参考人の取調べがなされた。高木権中解部により、罪人田崎の犯罪を認める口書が明治七年八月三十一日作成された。次いで、井上権少判事、伊庭権中検事立会のもと罪人田崎に対し口書の読み聞けがなされ田崎は花押した。その結果、口書が作成された。井上権少判事は、擬律課に対し適用法令の調査を命じた。その結果、「謀殺条ニ照シ除族斬殺」に決定した。適用した法令は、改定律令巻二人命律である。函館裁判所は、司法職務定制第五八条に基づき司法卿に対し、「斬殺」に付き伺いをなした。その回答が奥書として残されている。

罪人田崎に対し、明治七年九月二十六日罰文の言渡がなされた。

第七五号
七年九月廿六日

秋田県貫属士族
田　崎　秀　親

其方儀平日従事スル処ノ皇学頽敗ニ至ルハ、必竟外国トノ和親ニ基クト、頑遇ノ心ヨリ一国ニ存込ミ、寧ロ洋人ヲ斬害シ素志ヲ果サント郷里出奔、箱館表ニ至リ、同所谷地頭ニ於テ独逸国領事勤方ファバー氏ニ邂逅シ、忽抜刀追逐シテ兇殺セシ段甚以不届ノ儀ニ付、破廉恥甚ヲ以テ人命律謀殺条ニ照ラシ、除族ノ上斬罪申付ル

田崎は、即日斬殺された。

口書、奥書、罰文の原本は、函館地方裁判所に保存され、写は北海道立文書館、函館市中央図書館に保存されている。

第五章　事件を追う

ケプロン日誌

文久二（一八六二）年八月、武蔵国橘樹郡生麦村において薩摩藩士がイギリス人商人を殺害した横浜生麦事件が起き幕府・薩摩藩において大事件となった。ハーバー事件は、外国の代弁領事を殺害しもので、横浜生麦事件を超える明治政府における大事件である。函館港には、ドイツ軍艦、イギリス艦隊合わせて一〇数隻が入港し緊張状態が続いた。ホーレス・ケプロンは、「ケプロン日誌　蝦夷と江戸」において、当時の状況を記している。

八月十七日

函館に八月十七日午後到着する。

事件は、外国人全員を驚かしたようである。これは、外国人皆殺しの始まりに過ぎないと思われた。…

八月二十四日

英国の旗艦が僚艦三隻を従え、弧を描いて入港し、錨を下ろした。今、港の中には六隻の大きな外国の船がいる。英国、ドイツ、ロシア、アメリカ、それにかなりの数の日本の商船と一隻の軍艦である。

函館に駐在した外国人は、大きな危機感をもったことが窺いとることができる。しかし、犯罪の動機が個人的なものであり、共犯者もないことが次第に明らかになり、また函館裁判所の断獄手続が適正・迅速に進められたので外交問題に発展しなかった。

このように適正・迅速に断獄手続きが進められたのは、函館裁判所の法的レベルの高さを示すものである。函館裁判所が設置されたことにより、我が国は大きな国難を超えることができたのである。

現場を訪ねる

私は、平成二十三年七月函館の現場を訪ねた。

標高三三二メートルの函館山に向かって広い道路が山裾に伸びている。そこは、「箱館奉行所跡地」で、木造の「旧北海道庁函館支庁舎」、赤レンガの「旧開拓使書籍庫」

が残されている。一帯を元町公園といい、港、市街を一望できる。奉行所、開拓使函館支庁の位置としては、まことに的確な場所である。広い道路は、「基坂」とよばれ函館の街形成の基線となっている。

この公園の西端に「ハーバー遭難記念碑」が建てられている。

ハーバー遭難記念碑

ドイツの代弁領事ルードヴェッヒ・ハーバーは、明治七（一八七四）年二月に着任したが同年八月十一日、排外思想を抱き外国人殺害の目的で来函していた旧秋田藩士田崎秀親に、この碑の近くで斬殺された。

犯人は最後に自首、九月処刑された。幸いドイツ公使館が、単独犯であることや適切な事後処理に理解を示したので重大な外交問題にならずにすんだ。

遺体は、事件の翌日ブラキストンらにより外国人墓地に埋葬された。

この碑は、大正十三（一九二四）年、甥のフリッツ・ハーバー（ノーベル賞受賞者）を迎えて没後五〇年祭を開催したときに、旧墓像を遭難地に移し記念碑としたもので、外国人墓地には同型の新墓碑が建立されている。昭和十九（一九四四）年には日本軍に持ち去られ一時不明になっていたが、昭和二十四年に土中より発見されここに建てられた。

函館市

田崎がハーバーを襲った場所は、捕縛者の報告では「第一大区五小区谷地頭道」であり、自供は、「招魂社に成功を祈願し、石段で外国人を見掛け、追いかけ抜刀して切りつけた。」という。

案内してくれた佐藤和幸君の話では、「殺害場所は、公園の西端を走る幅員五メートルの坂道で遭難記念碑から二〇メートル米位下の路端で、以前は表示板が建てられていた。」という。その場所は、現在公園の端で樹木が茂りさらにその西側はマンションの外住宅がまばらに建てられている。この場所に立って、明治七年を想うと、開拓使函館支庁の広大な敷地（元町公園）は、樹木に覆われそれを取り囲むようにイギリス領事館（北側）やドイツ領事館（場所不明）等外国領事館が建てられていた。田崎は、外国人を狙ってこの付近を徘徊し、ハーバー領事を見掛けたものと推認される。犯行の目的、凶器の所持、犯行場所からすると犯行は極めて計画的である。

東海丸事件

序説

東海丸事件は、露国貨物船による青函連絡船「東海丸」沈没とその損害賠償請求訴訟について研究を進めるものである。

事故の概要

明治三十六年十月二十九日午前四時三十分青函連絡船「東海丸」は、渡島国上磯郡葛登支岬沖合にて露国ブログレッス号に衝突され沈没し、久田船長はじめ船員・乗客四二名が死亡したものである。久田船長の姿は、これまで小学校の教科書にも書かれた。

「東海丸」所有者等は、明治三十六年十一月二十日ブログレッス号所有者等に対する損害賠償請求訴訟を函館地方裁判所に提起し、明治三十七年十一月二十五日勝訴判決を受けた。その間、明治三十七年二月八日日露戦争が起き訴訟に影響をもたらした。

民事訴訟

東海丸の所有者日本郵船株式会社等は、露国ブログレッス号所有者等に対し損賠償請求訴訟を函館地方裁判所に提起し勝訴判決を受けた。判決は確定し強制執行がなされた。

原　　　　告　日本郵船株式会社
被　　　　告　露西亜帝国ブログレッス号所有者
提訴年月日　明治三十六年十一月二十日
事　件　名　損害賠償請求
訴　　　額　一四万九、〇〇〇円六一銭
提訴裁判所　函館地方裁判所
判決年月日　明治三十七年十一月二十五日

原告　日本海上運送保険株式会社
被告　露西亜帝国ブログレッス号所有者
提訴年月日　明治三十六年十一月二十九日
事件名　損害賠償請求（船舶積載物保険）
訴額　一万三、九一九円
提訴裁判所　函館地方裁判所
判決年月日　明治三十七年十一月二十五日

原告　函館船渠株式会社
被告　露西亜帝国ブログレッス号所有者
提訴年月日　明治三十六年十一月二十日
事件名　船舶修繕料等請求
訴額　一万三、一〇〇円

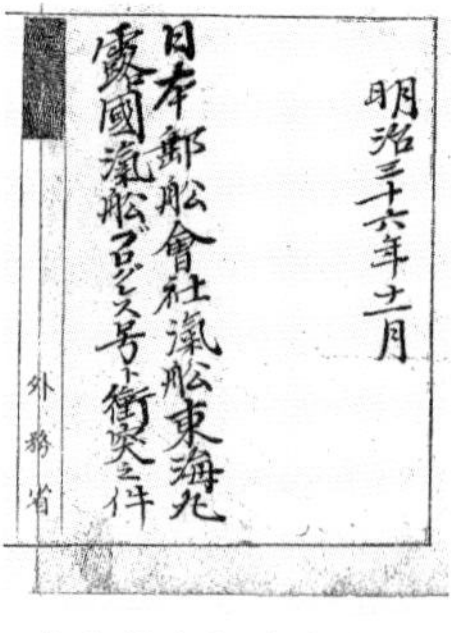
明治三十六年十二月
日本郵船會社滊船東海丸
露國滊船ブログレス號ト衝突之件
外務省

日本郵船会社東海丸露国
漁船ブログレス号ト衝突之件
（国立公文書館所蔵）

二八銭五厘

提訴裁判所　函館地方裁判所
判決年月日　明治三十七年十一月二十五日

函館船渠株式会社は、勝訴判決に基づき函館港に所在したブログレッス号に対し強制執行をなした。日本郵船株式会社、日本海上運送保険株式会社は配当要求として参加した。

債権者　函館船渠株式会社
債務者　露西亜帝国ブログレッス号所有者
申立年月日　明治三十七年―月―日
申立人　船舶強制競売申立（函館港　ブログレッス号）
請求額　二万一、九七四円二八銭五厘
申立裁判所　函館区裁判所
船舶強制競売開始決定　明治三十七年十二月一日
競売・競落年月日　明治三十八年三月二十四日

民事訴訟は、訴訟手続―強制執行に区分される。訴訟手続は、訴提起―審理―判決等により終結し強制執行に移行する。強制執行は、申立―競売―競落―配当手続により終結する。本件では、日本郵船株式会社・日本海上運送保険株式会社・函館船渠株式会社により訴が提起され勝訴判決がなされた。次いで函館船渠株式会社により強制執行の申立がなされ、日本郵船株式会社・日本海上運送保険株式会社が配当手続に参加し終局した。

事故と日露戦争

明治三十七年二月八日、大日本帝国とロシア帝国間で朝鮮半島・ロシア満州南部・日本海を主戦場として日露戦争が開戦した。日本の開戦は、ロシアの南下政策による脅威を防ぎ安全保障を堅持することにあった。日本は、旅順攻略・奉天会戦・日本海海戦・樺太攻略において勝利した。そしてアメリカ合衆国の仲介のもとで終戦交渉に臨み明治三十八年九月五日ポーツマス条約締結により講和した。講和の結果、南樺太は日本領となった。

事故と日露戦争の関係は、以下のとおりである。

明治三十六年　十月二十九日　　本件事故発生

明治三十六年十一月　二十日　訴提起
明治三十七年　二月　八日　日露戦争始まる
明治三十七年十一月　十八日　第一回口頭弁論　被告欠席
明治三十七年十一月二十五日　判決
明治三十七年十二月　一日　強制執行開始決定
明治三十八年　三月二十四日　競売・競落年月日
明治三十八年　九月　五日　日露戦争終結　日本勝利

本書において引用した公文書の多くは、外務省の保存にかかる「日本郵船会社汽船東海丸露国汽船プログレス号ト衝突之件」（画像数　五五）（国立公文書館アジア歴史資料センター）である。

第一章　事故の発生

事故の速報

北海道庁長官から外務大臣に対し、明治三十六年十月二十九日午後五時十一分、電受第六六七号をもって、「東海丸突沈没ニ関スル報告」がなされた。

青森函館間夜行定期郵船会社汽船東海丸今日午前四時四十分カヅホレ沖ニ於テ露国汽船プログレス号ト衝突沈没　乗組人船長以下二十六名船客二十六名行方不明　乗組人二十一人船客三十名ハプログレス号ニ救助セラレタリ　負傷者五名機関長ハ救助後死亡セリトノ報アリ右報告ス

（アジア歴史資料センター【レファレンスコード】B12081817000【画像】No.2）

明治三十六年十一月三十日午後二時四十五分、電受第六七四号をもって、遭難場所は

「カットシ沖」に変更された。

当時船舶の所管省は、逓信省である。しかし、北海道庁は、衝突船がロシア船であるところから、所管官庁の外務省に対しても速報体制をとったものである。

明治三十六年十一月二十九日、逓信大臣から外務大臣に対し、函館海事局長・青森局長（逓信省）の報告書を添付して本件の報告がなされた。

十月廿九日午後零時三十五分発電

管船局長宛

函館海事局長

汽船東海丸青森ヨリ来ル途中函館ヨリ十五浬沖ニテ露国汽船「プログレス」ニ衝突セラレ沈没ス　旅客無事　船員ハ三等運転士ノ外皆行衛不明

東海丸　露国商船「プログレス」ト今朝午前四時過矢越崎ノ附近ニテ衝突沈没　船客

五十六人ノ内三十人乗組人四十七人ノ内二十五人無事　機関長ハ露国船ヘ乗移リル後死去
助命者ハ三等運転士事務員ノ外水火夫ナリ　郵便物其他ノ重要書類一切沈没セリ　相手
船ハ遭難所附近捜索ノ後本日午前十時函館ニ入港セリ　本船船首大破損シテ居ル　只今露
国領事本船ニテ始末書調整中ナリ　碇泊中ノ仁川丸死体捜索ノタメ潜水夫引連レ午後二時
遭難地ヘ差向クル手配シタ

右ハ函館郵船会社支店ヨリ東京同本社ヘ電報アリタル旨只今該社ヨリ電話ニテ報告有之
候

追テ東海丸ハ昨日午後十一時青森ヨリ函館ヘ向ケ発船シタルモノ又露国船ハ二十日午後
六時室蘭ヨリ浦塩ヘ向ケ発船シタルモノ、趣ナリ

因ニ　東海丸ハ郵船会社船ニシテ其総噸数千百二十一噸ナリ

（アジア歴史資料センター【レファレンスコード】B12081817000【画像】No.
4、5）

（「逓信省」用紙）

十月廿九日午後二時三十分発電

青森局長

昨夜十一時函館行郵便船東海丸今朝函館ヲ隔ル十四浬ノ処ニテ浦塩行露国商船「プログレス」ト衝突東海丸ハ直チニ沈没セリ　乗組員ハ中等四名下等五十六名郵便物三十六個ナリ人員溺死者ノ数ト郵便被害ノ数ハ今問合中

（アジア歴史資料センター【レファレンスコード】B12081817000　【画像】No.6）

北海道庁長官から内務大臣に対し、明治三十六年十月二十九日午後七時十分電信をもって、東海丸衝突沈没に関する報告がなされた。

北海道庁官

内務大臣

十月二十九日午後七時十分

青森函館間夜行定期郵船会社汽船東海丸同日午前四時四十分カワホレ沖ニ於テ露国汽船プログレス号ト衝突沈没　乗込人船長以下二十六名船客二十六名行方不明　乗込人二十一名

船客約三十名ハプログレス号ニテ救助セラレタリ　軽傷者五名機関長ハ救助後死亡アリト
ノ報アリ右報告ス

（アジア歴史資料センター【レファレンスコード】B12081817000【画像】No.7）

事故の内容

北海道庁長官から外務大臣に対し、明治三十六年十一月六日警保第六〇二三号をもって「東海丸衝突沈没ニ関スル報告」がなされた。

東海丸衝突沈没ニ関スル報告

客月二十九日及電報置候　日本郵船株式会社汽船東海丸ノ露国汽船ブログレース号ト衝突
沈没ノ状況左ニ

一、船種名称
汽船　東海丸
二、登録噸数
六百九十五噸〇七
三、船主
日本郵船株式会社
四、場所日時
渡島国上磯郡葛登支沖合北緯四十一度三十五分東経百四度三十七分ニシテ函館港ヲ隔ル約十五海里（「百四度」とあるが「百四十度」である）
明治三十六年十月二十九日午前四時四十分
五、死傷者
船客五十二名ノ内（生死不明者二十二名　生存者三十名内負傷者五名）
船員四十六名ノ内（死者一名　生死不明者十九名　生存者二十七名内負傷者十一名）
六、船長
甲種船長　久田　佐助

七、発航地到着地
自青森港至函館港
八、貨物損害及流失郵便物
雑品千百四個　此原価一萬四百五十四円
普通郵便物六個　小包郵便物三十個
九、船体損害
東海丸　船体損害四万円　船員一万円
ブログレース号ハ船首両舷ヲ損傷シ損害価格未詳修繕後再用ノ見込ナリ
十、遭難状況其他
東海丸ハ青森室蘭ノ定期航海船ニシテ十月廿八日午後十一時青森港抜錨函館ニ向ケ航行シ　ブログレース号（八百九十噸）ハ露領浦塩斯従ブリ子ル所有汽船ニシテ石炭四百四十噸浦港行船客十七名搭載室蘭ヨリ浦港ニ向ケ航行中　翌廿九日午前四時頃前記葛登支沖合ニ於テ相互ニ一汽船ノ進行スルヲ認メ汽笛ヲ鳴ラシ避行セントスルニ際シ　東海丸ハブログレース号ノ紅灯ヲ睨視スルヤ右舷避ケントシタルモ同号ハ愈々接近シ来リ其目的ヲ達スル能ハサルコトヲ認メタルヨリ後進シツヽアル際　同船ハ進行

シ来リ遂ニ東海丸ハ船首部右方橋　ノ近傍ニ衝突　潮水ハ俄然損傷ノ箇所ヨリ侵入シ約二十分時ニシテ沈没ノ不幸ヲ見ルニ至リ　同船船長久田佐助ハ沈没ノ事起ルヤ船員ヲ督励シ備付ノボート四艘ニ船員船客ヲ乗載シ　本船ノ沈没ニ従ヒボートハ浮上ル準備ヲ為シタルモ沈没当時風濤強暴ノ為ニ一艘ヲ除クノ外他ハ悉ク転覆シ衆人ハ波濤中ニ漂流セリ　露国汽船ニ於テハボート三艘ヲ下シテ救助ニ尽シ辛フシテ船員事務長外二十六名船客小嶹長治外二十九名ヲ救助乗載シ　同日午後九時半函館ニ入港セリ函館区役所警察署分署ニ於テハ相当救助ノ方法ヲ講シ又郵船会社函館支店ニ於テハ生死不明者捜索トシテ汽船仁川丸ヲシテ現場及津軽海峡附近ヲ航行セシメタルモ何等得ルモノナク空シク帰港セリ　而シテ衝突ニ関スル曲直如何ハ未詳ニシテ函館海事局ニ於テ調査中ナリ

右及報告候也

明治三十六年十一月六日

北海道庁長官男爵　園田　安賢

外務大臣男爵　小村　寿太郎殿

東海丸乗組員生存者

三等運転士　村井　準次郎

外二三名

生死不明者

船長　久田　佐助

外一八名

死亡者

機関長　大島　菊次郎

東海丸助命船客

東京市深川区木場町　小嶋　長治

外二五名

東海丸船客生死不明者

岡山県児島郡甲浦村　花野　千代

外二一名

アジア歴史資料センター【レファレンスコード】）Ｂ１２０８１８１７０００【画像】No.10―15）

東海丸の船員は四三名で生存者二三名、生死不明者・死者二〇名である。船客は四八名で生存者二六名、生死不明者二二名である。

気象状況は、明治八年十月中央気象台月報によると「函館は、当時毎時観測で十月二十九日の事故発生に近い午前四時の気温は０・７℃、午前五時は０・４℃であった。風は、午前四時がW13・２m、午前五時はWNW10・５m、天気は00：09～04：30まで雪」である。

第二章　衝突位置

東海丸がブログレッス号に衝突されたのは、「渡島国上磯郡葛登支沖合北緯四十一度

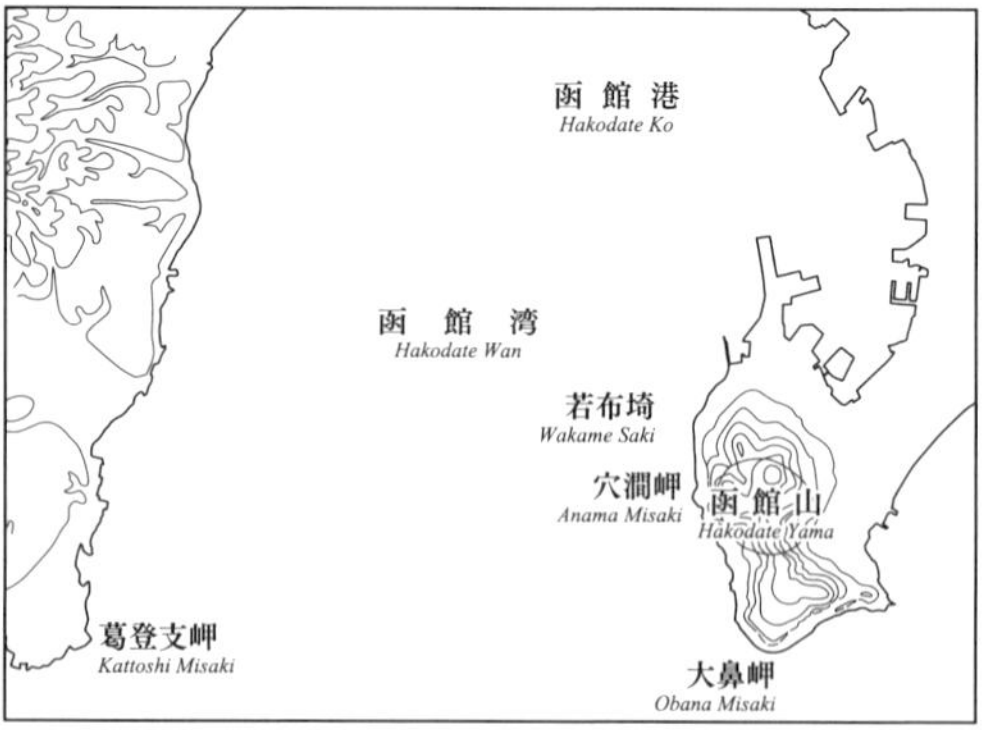

函館湾及附近図
（日本水路協会）

三十五分東経百四十度三十七分」であり、津軽海峡海岸線から七浬一／二の位置である。その位置は日本領土である。

衝突場所

外務省松田外国官（取調課）と逓信省内田管船局長間で衝突場所等に関して検討された。

一、津軽海峡ハ下図ノ如ク其両口ハ各十浬一／四ナルヲ以テ我防衛区域ニ属シ之ヲ領海ト認メルコト正当ナリ（領海ノ区域ニ関シテハ劃然タル法則ナシ弾着区域ヲ以テ之ヲ定ムルモノトス　尚ホ此点ニ関シテハ「瀬戸内航行規定」ニ関スル調書参照）

東海丸沈没ノ場ハ海岸ヲ隔ル約七浬一／二ナリ（下図参着）

一、海峡ノ衝突場所略図下ノ如シ

×印ハ衝突ノ場所ナリ　露国船長ノ謂フ所ヲ捜レハ（a）印ニシテ　日本人側ノ謂フ所ヲ擦レハ（J）印ノ所ヲ出タリ　彼此一致セザルトモ　共ニ海岸ヲ距ル七浬一／二ノ所ニ当ル（吉田函館海事局長ノ算定）

（「函館湾及附近図」参照）

（アジア歴史資料センター【レファレンスコード】B12081817000【画像】No.8、9）

東海丸の沈没場所は、津軽海峡北海道側の「約七浬1／2」である。

オランダの国際法学者バインケルスフーク（一六七三―一七四三）は、「土地の権力は武力に尽きるところで終わる」として、沿岸の射程距離をもって領海とする「着弾距離三カイリ説」を提唱した。わが国では、明治三年七月二十八日太政官布告第四九二号をもって「距離三里以内」と定めた。しかし、同年八月二十九日太政官布告第五四六号をもって「凡ソ三里（陸地ヨリ砲丸ノ達スル距離）以内」と改正した。

したがって、衝突位置は、「約七浬1／2」であって「凡ソ三里」を超えるもので領海外となる。しかし松田外務省調査官は、「津軽海峡ハ下図ノ如ク其両口ハ各十浬1／4ナルヲ以テ我防衛区域ニ属シ之ヲ領海ト認メルコト正当ナリ」とし、津軽海峡は、その口が「各十浬1／4」であることから日本領と判断したものである。

露国領事の動き

露国領事は函館地方裁判所検事正に対し、本件事故に関し東海丸船員の取調を求めた。検事正は、海上審判権がないとして取調を拒絶した。司法省から外務・総務省に対しその報告がなされた。

司法省民刑丙第二三九九号

日本郵船会社汽船東海丸露国汽船プログレス号ト衝突シタル事件ニ付　函館港駐在露国領事ヨリ別紙写甲号ノ如ク照会有之候ニ付　乙号ノ如ク回答シタル旨函館地方裁判所検事正

ヨリ報告之有候条　為御参考此段及通牒候也

明治三十六年十一月十一日

司法総務長官　石渡敏一

外務・総務長官　珍田捨己殿

（アジア歴史資料センター【レファレンスコード】B12081817000【画像】No.16）

（甲号）

拝啓　陳者露国汽船船長ノ請求ニヨリ来ル一九〇三年十一月四日露帝国領事館内ニ於テ露国汽船公海ニ於テ衝突シタル事件ニ関シ審査委員会（Court of Inquiry）ヲ開廷致シ候ニ付　沈没汽船乗組員生存者等ノ口述モ詳細取調上　利〇〇ニ相成ルヘキト存候間　当日即チ十一月四日午前九時半　当領事館へ東海丸三等運転士村井準次郎及廻船舵手吉田彦左衛門ニ出庁相成度様貴官ニ於テ　御取計有之度此段御依頼申上候

敬具

一九〇三年十一月二日

函館　エム・ヘデンストロム

検事正　藤　川　渉

（アジア歴史資料センター【レファレンスコード】B12081817000【画像】No.17）

（乙号）

御書翰拝見被候　陳者貴国汽船衝突事件ニ付審査委員会開廷上必要之有ヲ以テ東海丸三等運転士村井順太郎外一名貴庁へ出頭○○○ノ義御照会之○○○○　小官ハ海員審問ニ関シ○○職権ヲ有セサルヲ以テ乍遺憾御依頼ニ関シ○○○御諒知相成度　此段及御回答候

敬具

明治三十六年十一月三日

検事正

露国領事宛

（アジア歴史資料センター【レファレンスコード】B12081817000【画像】No.18）

政府は、外務省松田外国官（取調課）と逓信省内田管船局長間で露国領事の権限について検討が進められた。そして明治三十六年十一月七日、本件衝突事件については露国領事がその取調べをなすことは認められるが、日本人の取調べは認められないとした。検事正の見解も認めた。

東海丸衝突事件ニ付内田逓信省管船局長ヨリ内協議アリタルニ付左ノ如ク決定シタリ（十一月七日）

一、露国領事ハ衝突事件取調ノ為「プログレス」号乗組員ヲ取調訊問スルコトハ国際慣例上ノ領事ノ特権トシテコレヲ認ム　内田局長モ船員取調ハ各国ノ領事之ヲ行ウコトハ普通ナリト謂ヘリ　但シ右取調ノ外判決審判其他何等ノ決定的性質ヲ有スル行為ヲ為スコトヲ認メズ　従テ右ノ取調ベニ内国人ヲ出廷セシムルコト認メズ

（アジア歴史資料センター【レファレンスコード】B12081817000【画像】No.8、9）

第三章　小学国語読本

久田船長

久田船長の経歴概要は、以下のとおりである。

元治　　元年（一八六四）鵜川村（現・能登町字鵜川）
明治　十六年（一八八三）鵜川小学校教員
明治　十九年（一八八六）函館商船学校入学（東京商船学校と合併）
明治二十六年（一八九三）東京商船学校卒業
明治二十七年（一八九四）日清戦争御用船
明治三十六年（一九〇三）青森・函館の連絡船東海丸船長
明治三十六年（一九〇三）本件事故　死去

「この船長が選んだ道によって世界の人々はさらに船に対する信頼、船長に対する信頼を深めた。日本の久田船長は世界の名船長である。」（英国人・ベーデン・バウエル）とされた。

小学国語読本

本件事故について、「久田船長」（小学国語読本　巻十　尋常科用　文部省　昭和十三年）が「小学国語読本」に書かれた。本文は、以下のとおりである。

青森・函館間の連絡船東海丸は、多数の乗客を乗せ、郵便物、貨物を積んで、夜半に青森港を出港した。大分しけ模様であった。明治三十六年十月二十八日のことである。津軽海峡特有の濃霧が、海上をおほってゐた。波も次第に高くなって行った。しかも雨は雪に転じ、それが吹雪となって、あたりを吹きまくった。暗は暗し其の上の濃霧と吹雪では、全く黒白も辨じない。東海丸はしきりに汽笛を鳴らし、警戒しつつ進行を続けた。かうして、翌朝四時頃には、渡島半島矢越岬の沖合にさしかかってゐた。

すると、まことに突然、右手のすぐそこに、此方を指して突進して来る船があった。それは、室蘭で石炭を積んで、ウラジボストックへ廻航するロシアの汽船であった。

東海丸の船長久田佐助は、眼前に迫る此の危機をさけるのに全力を尽くしたが、しかしもうおそかった。忽ち一大音響と共に、ロシア汽船の船首は、東海丸の船腹を破ってしまった。海水は、ようしゃなく侵入する。東海丸の船体は、極度に傾いた。すは一大事。久田船長は、早速乗組員に命じて部署につかせた。五隻のボートは下ろされた。彼は、わめき叫ぶ船客をなだめつつ、片端からボートに分乗せしめた。此間にも、東海丸は刻刻と沈んで行った。

船客も船員も、すべてボートに乗った。船長は幾度か確かめるように、

「みんな乗ったのか。」

「一人も残っていないな。」

「残っておりません。」

残ったのはただ一人船長であった。

「船長、早くボートへ乗ってください。」

だが、返事はなかった。一体何をしてゐるのだらう。

船長に一人は、たまらなくなって、はせつけた。

「船長、早くボートへ。」

しかし、船長は、船橋の欄干に身を寄せて動かうとしなかった。みれば彼の体は、旗のひもで、しっかりと欄干に結び附けられてゐる。沈みで行く船と運命を共にしようとする覚悟なのだ。

「船長、私も一しょにお供いたします。」

それは、全く船員の感激の叫びであった。

船長は、厳かに答へた。

「船と運命を共にするのは船長の義務だ。お前は早く逃げろ。一人でも多く助かってくれるのが、私に対するお前たちの務めではないか。」

悲痛なしかも威厳のある声に、船員は思はずはっとした。彼は、すごすごとして最後のボートに身をゆだねた。

久田佐助船長
(日本郵船・航跡第16回)

東海丸からは、引切りなしに汽笛が高鳴って、暗い海の上を壓した。聞く人々は、全く断腸の思いであった。やがて、其の音は聞こえなくなった。東海丸は、沈没したのである。最後の瞬間まで、非常汽笛を鳴らし続けた久田船長もろ共に。

暗夜と荒天の海上に、五隻のボートは、木の葉のやうに動揺した。中には波にのまれてしまったのもある。しかし、乗客・船員の過半は、からうじて助かることが出来た。四十歳を一期として、従容死についた船長久田佐助の高潔な心事は、忽ち世に伝へられ、日本全国の人々をして涙をしぼらせた。

「船長たる者は、万一の場合、決死の覚悟がなくてはならぬ百人中九十九人まで助かれば、或いは自分も生きてゐるかも知れぬが、さもなければ帰らぬものと思へ。」

とは、久田船長が、かねてから其の妻に言聞かせてゐた言葉であった。だから、東海丸遭難第一の電報を手にした時、妻は早くも夫の死を察し、見舞の客に対しても、あへて取りみだした様子を見せなかった。人々は、此の事を聞いて、今更のように久田船長のりっぱな心掛けに感動すると共に、夫をはづかしめぬ此妻の態度をほめたゝへた。

児童に対し小学校教科書をもって、指導者たるものの責任を教えたものであろう。

第四章　民　事　訴　訟

明治二十三年三月二十七日、民事訴訟法（明治二十三年法律第二九号）が制定された。民事訴訟・強制執行は八〇五条に亘る。日露戦争との関係を検討する。

民事訴訟手続

明治三十六年十一月二十日、日本郵船株式会社・日本海上運送保険株式会社・函館船渠株式会社は露西亜帝国船舶所有者を被告として函館地方裁判所に対し損害賠償等請求訴訟を提起した。口頭弁論が開始され訴訟が進められた。しかし明治三十七年二月八日、日露戦争が開戦した。そのため露西亜帝国被告に対する訴訟関係文書の送達方式が問題となった。そこで司法省・外務省間において意見調整がなされた。結論として、公示送達方式（民事訴訟法第一五六条）によるものとした。明治三十七年十一月二十五日、判決言渡がなされた。

司法省・外務省間の意見交換についてその一部をあげる。

…裁判所ニ於テ民事訴訟法第一五六条ノ手続ヲ執リ被告欠席ナルモ尚ホ判決ヲ与ヘ其判決確定ノ上前記ノ汽船ニ対シ強制執行ヲ為スニ至ラハ原告ノ利益を保護スル点ニ於テ機宜ニ適シタル処置ナルヘシト信シ候処　貴省ノ御意見ハ如何ニ候哉　右ハ他日国交上ノ問題ヲ惹起スルコト是ナキヲ保シ難キニ付予メ御意見承知致置度此段及御照会候也

明治三十七年四月二十八日

司法次官　石渡敏一

外務次官　珍田捨己殿

（アジア歴史資料センター【レファレンスコード】B12081817000【画像】No. 21、22、23）

本件事故の原因は露国船の過失によるものであり、被害者たる我が国船舶の利益を考慮し強制執行を進めるべきである。

民事判決

訴訟手続が進められ、明治三十七年十一月二十日判決の言渡しがなされた。判決は、原告日本海上運送保険株式会社被告エス・イーブリーネル・同シーストランド・同ウエーベル間の損害賠償請求事件（画像三七―四一）、原告函館船渠株式会社被告同右間の修繕料及船渠料請求事件（画像四二―四五）、原告日本郵船株式会社被告同右間の損害賠償請求事件（画像四六―四九）である。ここでは、本件の主体である東海丸所有者日本郵船株式会社提起にかかる判決を記載する。

（画像四六―四九）

欠　席　判　決

東京市麹町区有楽町一丁目

原　　　告　　　日本郵船株式会社

右会社取締役　近藤廉平
法定代理人
右代理人弁護士　岡村輝彦
同　高橋織之助
同　三坂亥吉
同　高橋大五郎

露西亜帝国浦塩斯徳汽船「ブログレッス」号
所有者エス・イーブリーネル商会組合員
被告　エス・イーブリーネル
同　シーストランド
同　ウエベル

右当事者間ノ当庁明治三十六年（ワ）第一三三号損害賠償請求訴訟事件ニ付　原告代理人ハ明治三十七年十一月十八日午前十時口頭弁論ノ為メ出頭ノ上原告ハ被告ノ為メニ蒙リタル損害ハ東海丸船価金拾萬円　船舶属具品金三万四千六百拾二円五拾三銭運賃金九拾三円五拾五銭傷者

及死亡者遺族ニ対スル慰謝金他ニ治療費一万二百九拾四円五拾三銭　通信料及び社員出張費其他ノ雑費二千五百円　救助及死体捜索費用一千五百円　合計金一四万九千円六拾一銭及之ニ対スル明治三十六年十月二十八日ヨリ本件執行済ニ至マテノ年五分ノ割合ノ損害ニシテ其請求原因実ハ原告所有汽船東海丸ハ明治三十六年十月二十八日午後十一時青森出帆函館ニ向ケ航行ノ途次　即チ翌二十九日午前四時二十分頃始メテ「ブログレッス」号ノ白灯ヲ右舷船首ニニ点ノ処ニ認メタリ　其際両船ノ距離ハ僅ニ三四浬ニ過キサリシ　同時二十九分頃更ニ「ブログレッス」号ノ白紅二灯ヲ右舷船首ニ略示同方向ニ発見セリ　依テ同時三十一分頃船長ハ舵取ヘ「ボート」ト号令ヲ下シタルヤ否「ブログレッス」号ヨリ汽笛短声二発ヲ吹キ進路ヲ進路ヲ左転スル旨ヲ信号セシニヨリ　東海丸船長ハ「ステデー、コース、エゲーン」ト号令ヲ下シ旧針路ニ復サシメタリ　尤モ「ボート」ノ号令ヨリ「コース、エゲーン」ノ号令ヲ下シタル間時間ナカリシヲ以テ舵発効セス　従テ針路ニ変更ヲ来サスシテ針路ヲ継続シ得タリ　然ルニ「ブログレッス」号ノ動静ヲ注視シ居リシ結果「ブログレッス」号ハ航路信号ヲ為シ「我船針路右舷ニ取ル」ト報知シタルニ拘ラス依然針路及速力ヲ保持シ進行シ来ルコト炳然タリシヲ以テ　臨機応急ノ処置トシテ「ハートボード」（舵柄左舷一杯ニ取リ針路ヲ右舷ニ急転セヨトノ号令ナリ）機関全速力後退トセリ　時ニ午前四時三十二三分頃ナリ　如斯時ヲ移サスシテ応急ニ措置ヲ施シタリト雖モ「ブログレッス」号ハ非常ナル高速力保テ進行シ来リタルガ為メ　本船ノ速力ハ著シク減殺シタルニ拘ラス　午前四時三十五六分頃遂ニ衝突ヲ避クル能ハスシテ「ブログレッス」号ノ船首ヲ以テ東海丸ノ船首ヨリ約三四間船尾ナル右船首ニ衝キ当テ以テ沈没セシメ　之レカ為メ船客五十三名ノ中行衛不明トナリタルモノ二十二名　船員四十六名中行衛不明トナリタルモノ二十名ニシテ　其搭載セル貨物モ亦タ全ク喪失スルニ至レリ　右衝突ノ原因ハ全ク「ブログレッス」号ノ船長及船員等ハ海上衝突予防法ヲ遵守セサル結果ニ基因スルモノニシテ原告ハ是レカ為メ前記ノ如キ損害ヲ蒙リタルニヨリ本訴ヲ提起シタル支第ニ付キ　被告ハ金十四万九千円六拾一銭ト　及之ニ対スル明治三十六年十一月二十日ヨリ本訴判決執行完了迄年五分ノ損害ヲ支払フヘシトノ欠席判決アランヿヲ請ウ　且保証ヲ立ツルニヨリ仮執行ノ宣言アランヿヲ求ムト陳述セリ

被告三名ハ期日呼出状及訴状送達状ノ合弐公示送達ヲ受ケナカラ右口頭弁論期日ニ出頭セス当裁判所ハ被告カ原告ノ事実上ノ口頭陳述ヲ自白シタルモノト看做シ　原告ノ請求ヲ正当ト認ムルヲ以テ民事訴訟法第二百四十六条同二百四十八条同第五百三条初項並ニ同条第一号及同第二百五十五条第四項則リ判決スル事左ノ如シ

主　文

被告三名ハ金四萬九千円六拾壱銭及之ニ対スル明治参十六年十一月二十日ヨリ本件判決執行完了迄年五分ノ割合ノ損害金ヲ支払フヘシ
訴訟費用ハ被告等ノ負担トス
原告ハ金壱萬円ノ保証ヲ立ツルニ於テハ此判決ノ仮執行ヲ為スコトヲ得
但故障期間ヲ判決送達ヨリ二月トス

函館地方裁判所民事部

裁判長判事　松浦亀蔵
判事　木村満象
判事　佐藤金助

右謄写ス

明治三十七年十二月二日

函館地方裁判所

裁判所書記　塩　野　良　晴

（アジア歴史資料センター【レファレンスコード】B12081817000【画像】No.46―49）

判決に対する異議

判決に対し英人（第三者）から異議がなされた。しかし法的権限に基づくものではない。

露国汽船ブログレッス号ニ関スル欠席判決ニ対シ故障中アリシニ適法ナラサル点有之故障申立書トシテ受理スヘキモノニアラストシテ読書類ヲ返戻セシ趣別紙写通報者有之候ニ付為御参考及送付候也

明治三十八年二月十日

司法次官　石　渡　敏　一

外務次官　珍田捨巳殿

（アジア歴史資料センター【レファレンスコード】B12081817000【画像】No.51）

第五章　強制執行

露国汽船ブログレッス号所有者を被告とする判決が確定し、露国汽船ブログレッス号に対する強制競売の申立がなされた。明治三十七年十二月一日船舶強制競売開始決定、翌三十八年三月二十四日競落決定がなされた。強制執行の申立は、函館船渠株式会社によりなされ、日本郵船株式会社・日本海上運送保険株式会社は配当に参加し終結したものである。

船舶強制競売開始決定

（司法省民刑第一〇九九号）

露国汽船ブログレス号ニ対シ函館船渠株式会社ヨリ強制競売ノ申立ヲ函館区裁判所ニ為シタル処　別紙写ノ通開始決定ニ相成候ニ付為御参考及送付候也

明治三十七年十二月十四日

司法次官　石渡敏一

外務次官　珍田捨己殿

（アジア歴史資料センター【レファレンスコード】B12081817000【画像】No.32）

船舶強制競売開始決定

函館区弁天町八八番地

債権者　函館船渠株式会社

右代表者専務取締役　園田実徳

右代理人弁護士　八木橋栄吉

露西亜国浦塩斯徳露国人

債務者　エス・イーブリーネル
同上　同　シーストランド
同上　同　ウエーベル

請求金額
一金一万二千一百七拾六円二拾八銭五厘　修繕料
一金五百二拾五円　本船据付費及盤木取付費
一金三百九拾九円　船渠料
一金八千八百七拾四円　船渠料
総計二万千九百七拾四円二拾八銭五厘
外ニ…弁済ニ至ル迄ノ利子
右金額ハ明治三十七年十一月二十五日ノ函館地方裁判所ノ執行力アル欠席判決正本ニ依リ債務者ノ弁済スヘキモノトス

右金額ノ弁済ニ充ツル為ノ債務者所有ノ左記ノ船舶ニ対シ債権者ヨリ強制競売ノ申立アリタルヲ以テ当裁判所ハ競売手続ヲ開始シ債権者ノ為之ヲ差押フルモノナリ

競売ニ付スヘキ船舶ノ表示

船籍港　露西亜国浦塩斯徳

汽　船　プログレス号　壱艘

差押ヘタル船舶ハ公示送達ニヨリ掲示場ニ貼付セシヨリ二ヵ月を経過シタル日ヲ以テ送達シタルモノトス

明治三十七年十二月一日

函館区裁判所

判事　池田房明

（アジア歴史資料センター【レファレンスコード】B12081817000【画像】No.33、34）

本件決定につき、司法省斎藤参事官の見解が示されている。

松田外交官

本件ニ付司法省斎藤参事官ニ就キ質シタルニ

一、本件決定掲示後二ヵ月ノ後ニ於テ競売ハ開始セレタルモ愈々競売ノ運ヒニ至レハ種々ノ手続アリ例ヘハ他ノ債権者ノ配当加入等アルユヘ容易ニ競落ニ云ウ「ニハ至ラス

一、民訴五百十二条ニ「仮執行ノ宣言ヲ付シタル判決ニ対シ故障ヲ申立又ハ上訴ヲ起シタルトキハ第五百条ノ規定ヲ準用ス」トアリテ第五百条ヲ捜シ裁判所ハ申立ニ因リ保証ヲ立シメ又ハ保証ヲ立テシメスシテ強制執行ヲ一時停止スヘキコトヲ○○得ヘキモノナリ

一、而シテ本件欠席判決ノ故障期間ハ　右強制競売開始決定開始ノ決定送達（公示）前ニ○クルヲ以テ前項ノ規定ニ基キ被告ハ船体ノ競売前ニ停止ノ申立ヲ為シ得ヘキモノナリ

（アジア歴史資料センター【レファレンスコード】B12081817000【画像】No.35）

関係法令

民事訴訟法第五〇〇条

…裁判所ハ申立ニ由リ保証ヲ立テシメ又ハ保証ヲ立テシメスシテ強制執行ヲ一時停止ス可キコトヲ命シ…強制処分ヲ取消ス可キヲ命シルコトヲ得…保証ヲ立テシメスシテ為ス強制執行ノ停止ハ其執行ニ由リ償フコト能ハサル損害ヲ生シ可キコトヲ証明スルトキニ限リ之ヲ許ス

競落・配当手続

船舶強制競売開始決定に伴い、競売手続きが進められ汽船「プログレス」号は競売され配当がなされた。

司法省民刑第五四一号

露国人所有汽船ニ対シ強制競売ノ結果配当実施シタル旨函館地方裁判所長ヨリ別紙写ノ通申報有之候ニ付為御参考及送付候也

明治年三十八年六月十二日

司法省民刑局長法学博士　河村　譲三郎

外務省通商局長石川菊次郎殿

庶第二五四号

函館船舶株式会社ヨリ露国人所有汽船プログレス号ニ対シ強制競売ノ結果別紙写通リ

函館区裁判所監督判事ヨリ報告有之候之旨此段及申報候也

明治年三十八年六月三日

函館地方裁判所長　松浦亀蔵

司法省民刑事局長法学博士　河村　譲三郎殿

（アジア歴史資料センター【レファレンスコード】Ｂ１２０８１８１７０００【画像】No.53）

配当は、「プログレス」号の売得金一〇万二、五一〇円についてなされた。配当金を受けた債権者は、函館船渠株式会社のほか日本郵船株式会社、日本海上運送保険株式会社である。配当は、主なもののみを記載した。

函館区裁判所日記一三二号

函館船渠株式会社ヨリ露国人エス・イーブリーネル同シーストランド同ウーベル三名所有ノ汽船ブログレッス号ニ対シ強制競売ノ申立アリタル旨客年十二月三日日記第三五八号ヲ以テ及報告置候処右事件ハ本年三月二十四日及同月二十五日ノ両度ニ別紙ノ通配当実施致候此段及報告候也

明治三十八年六月二日

函館区裁判所

監督判事　落合嘉三郎

函館地方裁判所長　松浦亀蔵殿

一金十万二千四百十円　売得金

内

配当

一万三千八十六円七十四銭　函館船渠株式会社

六万四千六百十六円十一銭三五輪　日本郵船株式会社

六千五十円九銭三厘

日本海上運送保険株式会社

但是レハ明治三十八年四月四日ノ配当期日ニ於テ異議ノ申立アリ供託ノ手続ヲナシタル処該配当異議事件ノ訴訟取下ノ結果同月二十五日払渡セリ

（アジア歴史資料センター【レファレンスコード】B12081817000【画像】No.54、55）

第六章　外務省外交史料館文書

本件関係文書の保存状況は以下のとおりである。

（アジア歴史資料センター【レファレンスコード】B12081817000【件名】日本郵船会社汽船東海丸ト露国汽船プログレス号ト衝突之件（外務省外交史料館）画像55）

画像No.	作成年月日 文書作成者 文書宛名	文書表題又は概要	本書引用
一	明治三十六年 十月二十九日 外務省	日本郵船会社汽船東海丸ト露国汽船プロレス号ト衝突之件 明治三十六年十一月	
二	明治三十六年 十月二十九日 北海道庁長官 外務大臣	本件事故発生報告	事故速報
三	明治三十六年 十月三十日 北海道庁長官 外務大臣	遭難場所修正報告	
四	明治三十六年 十月二十九日 逓信大臣 外務大臣	本件事故発生報告　函館・青森海事局長報告添付（四、五、六）	

四、五	函館海事局長 管船局長	本件事故発生報告	事故速報
六	青森局長	本件事故発生報告	
七	北海道庁長官 内務大臣	本件事故発生報告	
八、九	明治三十六年 十一月七日 外務省	本件事故に対する政府方針	政府方針
一〇—一五	明治三十六年 十一月七日 北海道庁長官 外務大臣	本件事故発生詳細報告	事故内容報告
一六	明治三十六年 十一月七日 司法総務長官 外務総務長官	露国領事の照会に対する回答照会	露国領事の照会

画像No.	作成年月日 文書作成者 文書宛名	文書表題又は概要	本書引用
一七	明治三十六年 十一月二日 函館露国領事 検事正	本件事故内容調査について協力依頼	露国領事の照会
一八	明治三十六年 十一月二日 函館検事正 露国領事	協力依頼拒否	
一九	司法次官 外務次官	ウラジヲストックは、交通断絶状況か否か	
二〇	明治三七年 四月十二日 外務次官 司法次官	交通断絶状況にあるものと認める	民事訴訟手続

二一—二三	明治三十七年四月二十八日 司法次官 外務次官	函館地方裁判所に提起された、本件事故に対する損害賠償事件は、被告が交通断絶地区にあり、訴訟手続は中止すべきところ、差押物件は事故汽船よりなく、外交的問題はあるが裁判手続きを進めることとする	民事訴訟手続
二四—二六	明治三十七年七月—十二月 外務次官 露国公使	外務省—露国公使の交換文書（英文）	
二七—二八	明治三十七年十二月六日 外務大臣 司法大臣	欠席判決に対する故障期間の延長についての、仏国より照会に対する回答	
二九	明治三十七年十二月十二日 司法大臣	特に意見はない	

画像No.	作成年月日 文書作成者 文書宛名	文書表題又は概要	本書引用
三〇—三一	明治三十七年 十二月十三日 外務大臣 仏国公使	欠席判決に対する控訴期間の障碍期間延長は、認められない	民事訴訟手続
三二	明治三十七年 十二月十四日 司法次官 外務次官	船舶強制競売開始決定通知	強制執行
三三—三四	函館区裁判所	船舶強制競売開始決定 債権者函館船渠株式会社 債務者露国人	
三五	明治三十七年 十二月一日 松田外交官	強制競売開始の法的見解	

三六	明治三十七年十二月二日 司法次官 外務次官	送付書（判決書）	民事判決
三七―四一	明治三十七年十二月二日 函館地方裁判所	判決書 原告日本海上運送保険株式会社 被告露国人	民事判決
四二―四五	明治三十七年十二月二日 函館地方裁判所	判決書 原告函館船渠株式会社 被告露国人	
四六―四九	明治三十七年十二月二日 函館地方裁判所	判決書 原告日本郵船株式会社 被告露国人	
五〇	松田外交官	故障期間について	
五一	明治三十八年二月十日 司法次官 外務次官	故障申立について	

画像No.	作成年月日 文書作成者 文書宛名	文書表題又は概要	本書引用
五二	明治三十八年二月一日 函館地方裁判所長 民刑局長	故障申立書返還について	民事判決
五三	明治三十八年六月十二日 民刑局長 外務省通商局長	強制執行配当実施通知	強制執行
五三	明治三十八年六月三日 函館地方裁判所長 民刑局長	強制執行配当実施報告　債権者函館船渠株式会社	
五四―五五	明治三十八年六月三日 函館区裁判所監督判事 函館地方裁判所長	強制執行配当実施報告　債権者函館船渠株式会社	

（アジア歴史資料センター【レファレンスコード】B12081817000【画像】No.19）

資料編

年表

慶応三年　十月　十四日　大政奉還（布告第一号）
慶応三年　十二月　九日　王政復古（布告第一三、一七号）
三職　総裁・議定・参与
明治元年　一月　十七日　三職七総督制（布告第三六・三七号）
明治元年　二月　三日　三職八局制（布告第七三号）
明治元年　四月　十一日　江戸城明渡
明治元年　四月　十二日　箱館裁判所を置く（太政官布告第三四二号）
明治元年　閏四月二十一日　政体（太政官布告第三三一号）
明治元年　閏四月二十四日　箱館府を置く（太政官布告第三四二号）

明治元年　八月　十九日　榎本釜次郎等品川沖脱走（国立公文書館デジタルアーカイブ【請求番号】太00218100【開始コマ】0027）
明治元年　九月　八日　元号を「明治」に改める（太政官布告第七二六号）
明治元年　十月　十八日　旧幕府軍蝦夷嶋鷲ノ木浦に到着
明治元年　十月二十五日　旧幕府軍箱館・五稜郭を占拠する
明治元年　十二月　十五日　蝦夷嶋政府創設　総裁　榎本釜次郎
明治二年　二月　十九日　蝦夷嶋政府／R・ガルトネル　蝦夷地七重村開墾条約書
明治二年　五月　十一日　新政府軍、旧幕府軍に対し総攻撃を開始
明治二年　五月　十八日　旧幕府軍降伏
明治二年　六月　十二日　箱館降伏人処置ヲ軍務官ニ委ス（沙汰第五二六号）
明治二年　六月　十六日　地所開拓之為蝦夷政府アル・ガルトネル氏の約定書
明治二年　六月　十七日　版籍奉還（太政官布告第五四三、五四四号）
明治二年　六月　三十日　榎本釜次郎等辰之口揚屋収監
明治二年　七月　八日　職員令（太政官布告第六二二号）―開拓使

明治　二年　七月二十四日　箱館府廃止（太政官布告第六七〇号）
明治　二年　八月　十五日　蝦夷地を北海道に改称
明治　二年　十二月二十七日　太政官　七重村土地取戻命令
明治　三年　十一月　九日　七重村土地取戻成立　取戻金六万二千五百弗
明治　三年　十二月　二十日　新律綱領（太政官布告第九四四号）
明治　四年　七月　十四日　廃藩置県（太政官布告第三五三号）
明治　五年　一月　六日　榎本釜次郎等の恩赦判決
明治　六年　五月　六日　福山・江差騒動始まる
明治　六年　六月二十八日　開拓次官黒田清隆による恩典により騒動終わる
明治　七年　一月　八日　函館裁判所設置される
明治　七年　五月二十一日　初代所長として権少判事井上好武着任
明治　七年　八月　十一日　ドイツ代弁領事L・ハーバー殺害さる
明治　七年　九月二十六日　函館裁判所殺人犯田崎秀親に対し「斬首」を言渡し、即日執行される
明治三十六年　十月二十九日　青函連絡船東海丸露国貨物船プログレス号に衝突され

沈没、船員・乗客多数死亡

明治三十七年　二月　八日　日露戦争始まる

明治三十七年　十一月二十五日　原告東海丸等被告プログレス号所有者等に対する民事判決

明治三十八年　九月　五日　日露戦争終結

参考文献・論文

箱館戦争裁判記

拙著『箱館戦争裁判記―榎本釜次郎外数名糺問并所置事件』

ガルトネル事件

外務省調査部・大日本外交文書　第二巻第一・二・三冊　第三巻（日本国際協会）

北海道大学北方関係資料

一、地所開拓之為蝦夷政府アル・ガルトネル氏の約定

二、孛人ガルトネル地所一件書類

三、ガルトネル一件指令書

四、上磯亀田郡各村沿革史（附　ガルトネル条約）

九、日本へ引渡すべき七重開拓地の付属品・財産目録

一〇、蝦夷地七重村開墾条約書

一三、七重村開墾地附属品取調書

一四、七重村開墾中日記

法規分類大全二三　外交門（一）
開拓使事業報告　第一編
開拓使事業報告　第二編
新撰北海道史　第六編
函館市史　通説編　第一、二巻
函館市史　資料編　第一巻
七飯町史
田辺安一　ブナの林が語り伝えること（北海道出版企画センター）
若林　功　北海道開拓秘録　第一篇（月寒学園）
R・ゲルトナー　日本滞在日誌（訳者奥村博司）
村重慶一　ガルトネル租借事件（「法曹」第三八九号）
水野敦史　幕末維新期の蝦夷地・箱館と外国人（近畿大学大学院文芸学研究科「文芸研究第二号」平成一七年）

牧野　信之助　所謂ガルトネル事件の展望（「社会経済史学」第五巻第九号別冊）
丸山　国雄　北海道七重村開墾条約始末（「日独交通資料　第一巻」財団法人日独協会）
斎藤　秀行外　ガルトネル保護林（ブナ人工林）における更新状況調書

福山・江差騒動

拙著『開拓使時代の司法』

ハーバー事件

拙著『開拓使時代の司法』

東海丸事件

日本郵船会社汽船東海丸露国汽船ブログレス号衝突之件（国立公文書館）
日本郵船船舶一〇〇年史
「久田佐助　船長」（小学国語読本　巻一〇　昭和一三年）（日本郵船歴史資料館社内報

二〇〇二年九月号）

坂本幸四郎　青函連絡船ものがたり（朝日文庫）

海上保安庁　海上図W九　函館港及附近（日本水路協会）

あとがき

「明治期における北海道の司法」を明らかにするため、『開拓使時代の司法』、『明治期における北海道裁判所代言人弁護士史録』、『箱館戦争裁判記』を著作した。そして本書は、明治期における具体的事件を課題とした。しかしまだ調査・検討すべき課題は残されている。

これまでの私の主な著書は、次のとおりである。

著作年月	著書（論文）	関与職務等
昭和六十三年　十月	管財人覚書	札幌トヨペット株式会社管財人 弁護士

平成　十六年　一月	教育改革の方向	札幌市教育委員会委員長 弁護士
平成　十六年　四月	司法改革の方向	札幌高等裁判所主催講演会 弁護士・北海道調停協会会長
平成　十八年十一月	夕張の悲劇	日本弁護士連合会「自由と正義」 北炭夕張炭鉱株式会社管財人 弁護士
平成二十四年　七月	開拓使時代の司法	弁護士
平成二十六年　六月	明治期における北海道裁判所代言人弁護士史録	弁護士
平成二十八年　六月	箱館戦争裁判記―榎本釜次郎外数名糺問并所置事件―	弁護士

主たる史料は、国立国会図書館・国立公文書館・東京大学史料編纂所・宮内庁公文書館・北海道立図書館・札幌市中央図書館・北海道大学附属図書館・同北方資料室等保存にかかるものである。

著作にあたりまして、市川茂樹（弁護士・元札幌弁護士会会長）、山崎博（弁護士・元札幌弁護士会会長）、吉川武（弁護士・前北海道大学法科大学院講師）の協力をいただきました。ありがとうございました。

本書出版は北海道出版企画センターにお願いしました。野澤緯三男社長にはこれまで多くのお世話になっております。ありがとうございました。

これまで弁護士として長く深く付き合いをし、著書にも協力を受けた栗山裕吉（元札幌弁護士会会長・19期）、日浦力（元東京地方検察庁検事・24期）弁護士が逝去した。きわめて残念である。長い間ありがとう。

私も八十六歳の高齢になりました。もうこの辺が限界ですが、残された課題の研究を進める予定です。裁判所職員二十年（書記官研修所・司法研修所各二年）、弁護士生活五十年、誠に充実した人生でありました。

牧口準市
経歴
昭和６年８月　北海道泊村生まれ
北海学園大学経済学部中退
裁判所職員
昭和44年４月　弁護士
昭和63年４月　札幌弁護士会会長
昭和63年５月　北海道開発審査会会長
平成元年４月　北海道弁護士会連合会理事長
平成元年11月　札幌市教育委員会委員長
平成３年４月　日本弁護士会連合会副会長
平成18年３月　札幌市政功労者
平成13年秋　勲３等瑞宝章
著作等
『管財人覚書』
『教育改革の方向』
『司法改革の方向』
『開拓使時代の司法』
『明治期における北海道裁判所代言人弁護士史録』
『箱館戦争裁判記』

明治期北海道の司法　北方新書 017
—箱館戦争・ガルトネル事件等五事件—

発　行　2018年６月10日
著　者　牧　口　準　市
発行者　野　澤　緯三男
発行所　北海道出版企画センター
〒001-0018　札幌市北区北18条西６丁目２－47
電　話　011－737－1755
ＦＡＸ　011－737－4007
振　替　02790－６－16677
URL　http://www.h-ppc.com/

北方新書の刊行に当たって

当センターが、微力をも省みず、札幌での出版を始めたのは、一九七一（昭和四六）年のことです。埋もれている良心的な原稿を発掘し刊行したいという希望と、これまでに出版された書籍のなかから将来に継ぐに足る良書の復刻などを通して現在に活き返らせ、学問研究の場ほかに広く資料として提示することで、中継ぎ者としての役割をも果たしたいとの願いからでした。二十数年、蝸牛の歩みながら出版事業を続けて来られたのは、北海道に独自な出版への求めがあることを示していると思われます。しかし、他府県におけるような近代以前からの長期にわたる出版活動の積み重ねを見るとき、北海道での本格的なそれは近年になりやっと緒についたばかりと言えましょう。

近年、いわゆる中央思考的なものの考え方から、「地方の時代」「地方分権」など、より地方の、そして地域の大切さが改めて問われています。このことは、今世紀末になって急速に進行しつつある多様な変化が地域や郷土への関心をより強めているという社会的背景があってのことと考えられます。

このような変化の時代にあって地域に根ざし、さまざまな分野にわたる北方新書の刊行が、過去から現代そして未来へのかけ橋となることを期待するものです。

一九九五年四月　北海道出版企画センター